檀传宝 丛书主编

冯婉桢 著

大夏书系·师道文丛

与诤友对话

幼儿园教师
师德案例读本

Yu Zhengyou
Duihua
Youeryuan Jiaoshi
Shide Anli Duben

华东师范大学出版社

全国百佳图书出版单位

·上海·

图书在版编目（CIP）数据

与诤友对话：幼儿园教师师德案例读本／冯婉桢著．—上海：华东师范大学出版社，2016

（大夏书系·师道文丛）

ISBN 978 - 7 - 5675 - 5606 - 5

Ⅰ．①与… Ⅱ．①冯… Ⅲ．①幼教人员—职业道德—案例 Ⅳ．① G615

中国版本图书馆 CIP 数据核字（2016）第 198514 号

大夏书系·师道文丛

与诤友对话
——幼儿园教师师德案例读本

丛书主编 檀传宝
著　　者 冯婉桢
策划编辑 李永梅
审读编辑 齐凤楠
封面设计 奇文云海·设计顾问

出版发行 华东师范大学出版社
社　　址 上海市中山北路 3663 号　邮编　200062
网　　址 www.ecnupress.com.cn
电　　话 021 - 60821666　行政传真　021 - 62572105
客服电话 021 - 62865537
邮购电话 021 - 62869887　地址　上海市中山北路 3663 号华东师范大学校内先锋路口
网　　店 http：//hdsdcbs.tmall.com

印 刷 者 北京季蜂印刷有限公司
开　　本 700×1000　16 开
插　　页 1
印　　张 12.5
字　　数 142 千字
版　　次 2016 年 9 月第一版
印　　次 2021 年 9 月第五次
印　　数 10 101 - 12 100
书　　号 ISBN 978 - 7 - 5675 - 5606 - 5/G · 9763
定　　价 32.00 元

出 版 人 王 焰

（如发现本版图书有印订质量问题，请寄回本社市场部调换或电话 021-62865537 联系）

丛书总序
"为我们自己的"和"对我们自己的"道德教育

在日常的学校生活中，所谓德育自然是针对学生的实践。很少有人明晰、自觉地认识到，存在也必须存在一种针对我们教师自身的道德教育——教师专业伦理（或者"职业道德"）的修养。教师专业伦理修养、建设的实质，就是为师者"对我们自己的"，也是"为我们自己的"最重要的德育。

一、为何师德修养是"为我们自己的"德育？

"对我们自己的""为我们自己的"是一种有趣的相互解释、相互支持的关系。因为"对我们自己"的德育——师德修养首先是为师者"为自己的"最重要的自我教育。最重要的原因包括——

1. 师德修养的实质是教师的"为己之学"

之所以要修养师德，是因为教师专业伦理是我们人生与职业生活质量的最主要的保障。做一个幸福的普通人和做一个幸福的教师，都需要我们修养并且恪守教育的专业伦理。

德福一致，被公认为伦理学的公理。这是因为就精神意义上的幸福（"雅福"）而言，没有人可以不讲道德而获得幸福，就像没有人可以做到"做了亏心事"还真的能"不怕鬼敲门"。就像王阳明曾经说的，即便是脸皮再厚的惯偷，"唤他做贼，他还扭捏"！反之，高品质的人生，坦荡、宁静的幸福生活当然就需要无愧于天地和他人的行为规范。即便是包含功利计较的幸福（"俗福"），从总概率上说，遵守道德也一定是"划得来"的生活智慧。因为如果总体上不是"善有善报，恶有恶报"，就没有人会理会社会生活中的"交通规则"，则社会生活就会遭遇无穷无尽的交通事故而最终无以为继。也正是因为这一点，伦理学家才解释说，恶人反而活得更好之类的错觉缘于人们对那些德福一致反例的震惊，而这一震惊恰恰证明"善有善报，恶有恶报"的原则从根本上说是更为合乎自然、必然的心灵秩序。

如果我们承认德福一致这个公理，则修养道德，尤其是修养师德当然就是"为我们自己的"幸福生活所做的自我努力。

2."对我们自己的"教育也是专业上的自我提升

每一个从教的人，都希望获得"得天下英才而教育之"的幸福人生。从教育专业人的角度，师德更是我们收获教育幸福的根本保证。

幸福是人的目的性自由实现的人生状态。没有"目的性"，或者没有"人的""目的性"，就等于没有健康、正常人生应有的梦想。而没有梦想，当然就不可能有梦想实现的人生及喜悦。许多教师遭遇职业倦怠，或者在教育生活中浑浑噩噩、索然无味地打发光阴，是因为他们没有教育家应有的事业心，或者"教育梦"，或者，其某些所谓的"梦想"其实不过是一些追名逐利的猪槽边上的寻觅——将工具性目标看成是人生终极目的的伪梦想。因此，爱岗敬业或者有教育之梦等等，说到底乃是教师获得教育幸福的第一前提。换言之，不断形成、提升教育事业的动机水平，实现教育人生境界的提升乃是教师自我修养的第一要义。

人的目的性自由实现还需要有专业的本事。专业的本事当然首先包括业务上的本事。教不好数学的数学老师当然很难在数学课教学里获得幸福的喜悦，著名数学家陈景润在做中学数学老师时就曾经备感挫折。同理，在学科专业、教育专业修养上有缺失的任何一个科任老师也很难享受任一科目教育的"怡然之乐"。专业的本事还不仅仅是"业务"，也包括专业道德。比如，一个语文老师爱学生的第一件要紧事就是教好语文。因为倘若不能给孩子们的语文学习以应有的帮助同时又宣称"爱学生"，就显得十分可笑、虚幻。同时，业务不仅是包括，还需要专业道德。比如没有事业心（不爱岗敬业）、没有从事教育的内在热情，成为"好教师"的概率为零；又比如，不遵守专业伦理，师生关系、同事关系等等非常糟糕的老师，即便业务好也会在效益上打折扣，流失本该拥有的更为丰沛的教育幸福。因此，从这一角度看，教养即业务，专业伦理的修养也是我们做教师的应有的"本事"。

总之，师德建设从根本上是教师的"为己之学"。从根本上来说，师德修养是我们做教师的人"为我们自己的""对我们自己的"自我教育。

二、如何开展"对我们自己的"自我德育？

如果我们承认教师专业伦理的修养是"为我们自己的""对我们自己的"自我教育，那么，如何开展这一"对我们自己的"德育就十分重要。一般说来，师德修养的基本路径有如下两个方面。

1. 教育伦理的专业研习

教育家赫尔巴特将伦理学看成是教育学的两大基础之一（另外一个学科是心理学），是有道理的。不仅在于伦理学有助于界定教育的目的，也在于伦理学有助于教育效能的提升。但是近代以来，教师的培育、养成，教育伦理的修养所占成分极低。考虑到教育质量低下、教育风气败坏的普遍现实，这一缺憾实在是令人扼腕之至。因此，对于有良知的教育者而言，自觉修养教育伦理实在是当务之急的基本功课。

教育伦理的学习、研究，我们需要考虑三个最主要的领域。首先，教师必须有一般伦理学的学习经历。其实一般人也要学习伦理学。比如学习过亚里士多德关于勇敢的论述的人，当然会更自觉地远离怯懦与莽撞，修养真正的勇敢之德。我们做教师的要做孩子们的人生导师，若我们是伦理学上的"睁眼瞎"，则后果十分可怕。其次，教师要研究伦理在教育应用中的特殊性。法官的公正不等于教师的公正，家长的自然之爱也不同于教师的伦理关怀。不做教育伦理上的明白人，就意味着接受低效、灰暗的教育人生。最后，教师要修养建构教育伦理规范的自觉性。许多教育管理部门喜欢不断自上而下颁布"师德规范"，教师们也往往只是逆来顺受，被动接受这些看起来十分重要的职业规矩。如果我们承认专业伦理的研习是"为己之学"，我们就应该变他律为自律，为自己的教育人生去自我立法。而自我立法的本事当然又需要我们通过不断研习教师伦理学去自觉修炼。

2. 教育实践的伦理反思

师德修养的另外一个基本路径是保持对于教育实践的伦理反思态度与习惯。除了对一般伦理原则的恪守，这一反思态度与习惯需要特别针对以下两种教育实践带来的特殊性。

首先是具体教育职业的特殊性。所谓教育职业的特殊性指的是教师的工作场域不同于一般的个人、农民、法官、公务员，教师的日常生活主要是在学校，教学、科研、社会服务是我们最最主要的任务。在日常教学生活中，在教学研究、科学研究中有哪些伦理问题？在不同领域工作的老师在教学伦理实践上会遭遇怎样不同的挑战？在给社会提供教育服务时应当具有哪些道德的敏感性？教师是普通公民，在日常生活中要不要回应"你还是个教师吗"这样的诘问？

其次是具体教育人生的特殊性。所谓教育人生的特殊性是指教师职业伦理发展的时间维度的特殊性。人生的不同阶段有不同的舞台,台台都有不同的风景。比如一个新手、一个成熟的中年教师、一个即将退休的老教育工作者,他们面对的教育生活实际就有很大的差异……因此,教育实践的伦理反思是一种对教育人生的生涯元反思。同理,处于不同学段的老师,比如学前、小学、中学、大学教师面对的教育对象、教育内容等等如此不同,没有结合学段实际的伦理反思怎么可能是真正的实践反思?

一言以蔽之,教育实践的伦理反思的最高旨趣在于学以致用、解决现实问题,即在理论学习的基础上做面向教育实践、服务教育实践、提升教育实践的伦理功夫。

三、"师道文丛"的主要努力

"师道文丛"所收著作,是多年团队努力的结晶。从1998年起,本人一直保持对教师专业伦理的学术兴趣,从《教师伦理学专题——教育伦理范畴研究》(2000),到《走向新师德——师德现状与教师专业道德建设研究》(2009),再到这套丛书,都是本人及我指导的研究生团队(主要是博士生,现在他们大多工作在各大知名院校)筚路蓝缕、努力前行的见证。

这一次,我们的"野心"主要集中在两个领域:一是面向实践的教育伦理分析,二是分学段的教师伦理建构。

之所以要"面向实践的教育伦理分析",是因为实践中已经积攒了太多的伦理问题,需要我们勇敢去面对。曾经有教育主管部门希望我编一本分析"校长开房"之类"典型师德案例"的教师读本,被我断然拒绝。原因是,真正在专业上"典型"的师德事件往往不是官员们所要面对的突发、偶发的恶性师德新闻(那些反而不是常例),而是教师们正常、日常的教育生活中必须天天面对的伦理课题。比如:教育内容如何选择、教育方法如何斟酌,才合乎专业伦理？新世代的师生关系怎样建构才能公正而有温情？教师的惩戒权如何获得教育性的保障？如何处理家校关系，既形成教育合作又保障教育的尊严？教师的专业形象如何避免神化与魔化的恶性循环？如此等等。我们希望通过对典型案例的分析，与读者一起形成对于教育伦理的系统观察、分析与建构。

"分学段的教师伦理建构"更是我们念兹在兹的希望。遍观国内书市或图书馆有关教师伦理、教师职业道德的著作，对教师真正有益的为数聊聊。其主要原因之一就是大而化之、笼而统之，将不同学段"一锅煮"。而事实上幼儿园教师、中小学教师、大学教师虽然有教育伦理的一致性，但是由于教育生活的巨大差异，他们所要面临的伦理课题也差异甚大。就像幼儿园的小朋友不同于已经成年的大学生，学前到大学各学段教育伦理内容结构、主题、重点、背景均大不相同。不做专门、具体的研究，"对我们自己的""为我们自己的"道德教育如何做到有的放矢、因材施教？也许，我们已经完成的分阶段教师伦理研究还是一颗刚刚发芽、不算强大的种子，但是种子既然已经发芽，只要不乏阳光雨露，假以时日，这一领域的中国教育伦理研究的参天大树就可以被我们理性期待。

基于以上宗旨，本套丛书从 2012 年起就开始了整体策划，历经一线调研、集体研讨、顶层设计、研究与写作等阶段。最终我们集体呈现给读者的是 4 本分学段师德案例（分析）读本、4 本分学段教师伦理学研究，以及一本《教师专业伦理基础与实践》，总共 9 本著作。婴啼初试，瑕疵难免，但这套"师道文丛""为我们自己的"初心执著而真诚。其突出功能与特色在于，我们希望通过集体的努力为全国同行提供一套系统、专业、可读的"对我们自己的"德育教材与教参。阅读、研讨、交流、建构，我们由衷希望"师道文丛"能够对大家的教师专业伦理研习、提升有所裨益！

檀传宝

2015 年 12 月 31 日，京师园三乐居

序

　　今天，中国大多数幼儿园教师都知道幼儿园教育实际面临的形形色色的伦理问题是怎样的严重，也知道提升幼儿园教育品质应该选择怎样的方向。但是我们常常缺乏从实际走向应然的勇气，也缺乏从实际走向应然的专业能力。对个人而言，道德是一种勇气和坚守，更是一种能力。对群体而言，道德是一份共识与反省，也是互相提醒。本书希望通过有选择、有结构、有层次的设计，以及站在幼儿园教师立场上的理解与批判，成为幼儿园教师的"诤友"——每当我们翻开这本书，就像打开了一面镜子，我们时不时地照一照镜子，让自己长期葆有美好的专业形象，过上优雅的职业生活，获得厚重的职业幸福！

　　具体来说，本书希望从案例分析入手分专题来组织架构，采用深入浅出的表达形式，以为幼儿园教师解决专业生活中的道德疑惑提供有力且有效的支持。主要特色有以下三个方面——

　　首先，本书选择的案例具有典型性，是大多数幼儿园教师在实际工作过程中可能遇到的问题或现象，例如陷入职业倦怠、偏爱个别幼儿、过度强调安全和纪律等。其中也包括当前幼儿家长群体议论较多的焦点问题和社会媒体曝光的极端现象，例如给孩子塞饭、送礼收礼和虐童事件，等等。

　　其次，本书选择的案例覆盖了幼儿园教师工作的各个环节和部分，包括幼儿的入园和离园，幼儿的就餐和盥洗，幼儿的游戏和教学，幼儿园教师之间的合作，幼儿园教师与家长之间的合作，以及幼儿园教师与社会相关群体的交往，等等。依据幼儿园教师一日工作的流程和幼儿园教师工作内容由内向外拓展的层次，本书有顺序地编排组织了十个案例分析的专题。

第三，案例专题分析，兼顾了教师、社会及教育的立场。每个专题均从案例入手，站在"教师的立场"上对案例进行分析。案例分析一方面将一个点上的案例扩展至幼儿园教师的一类表现中，带动读者进行由点到面的思考；另一方面又引导读者理解案例中教师的行为逻辑和原因，点明案例中教师行为的伦理实质，从而从直观的案例现象进入到对教师伦理问题的思考。在案例分析之后，每个专题将站在"社会的立场"上指明"教师应该如何做"，阐明专业规范及其背后的理论依据和政策依据。最后，每个专题会站在"教师教育者的立场"上建议"教师如何做"，为幼儿园教师达到规范要求提供可操作的行动建议。也许，这正是健康的教师专业伦理所应该坚持的立场。

面对这部书稿，我深怀感恩。首先感谢我的老师檀传宝教授——正是在老师的鼓励和鞭策下，我才有机会并得以完成本书的写作。从一开始提出写作设想，到讨论确定写作框架，再到后续遴选案例和讨论写作内容，以及最终的审稿评阅，檀老师不辞辛苦地一路领着我向前走，并毫不吝惜地贡献了自己的思想。这份感谢无以言表！同时，檀老师组织我和多位同门（均已博士毕业且在各师范大学任教的同行们）形成了研究和创作团队，大家一起工作，互相为对方的提纲及书稿提供完善意见，也有力地保障了本书的质量！因此，我要特别感谢师姐李菲博士、蔡辰梅博士、杨启华博士和张宁娟博士，感谢师兄班建武博士，大家为书稿的写作提供了许多宝贵的意见！另外，感谢陕西省西安市第五保育院的陈萍园长和河南省郑州市思睿幼儿园的陈秀芳园长，她们阅读了本书的初稿，并给出了中肯的修改和完善建议！感谢我的学生和朋友们，书中很多案例受益于与他们的谈话！

　　在写作本书的过程中，我时刻提醒自己严谨而放松，就像在和自己那些在幼儿园一线工作的好朋友聊天一样。但是终因学力不逮，对一些内容的处理仍然不尽如人意。我由衷期待本书读者多多批评指正！

冯婉桢

目 录
contents

专题一　"我不想干了！"————
——幼儿园教师的职业幸福与修养

"我不想干了！"

一日，某幼儿园的教研室里，李园长在向园里的老师们宣布："下周咱们幼儿园搞师德演讲比赛，好好提升一下咱们幼儿园的师德水平！"

"瞎折腾什么呀，光讲师德，就这点破工资让谁高尚去，再折腾我不干了！"小王老师的声音虽小，在场的老师们却都听得真真切切。

"我也不想干了！除了工资低，上班时间也长。咱们天天在幼儿园里把别人家的孩子照顾好了，自己家的孩子却没空管。我现在看着我班上的孩子，耳朵里能听见自己的孩子在家里哭。我整个人都快分裂了！出门上班时痛苦，下班回家时内疚！"

"我也不想干了！工作任务太多了，组织活动、观察记录、师德演讲……总是有干不完的活儿，干不完就觉得对不起人。干脆，我不干了！"

"我也不想干了！我常常做梦，梦见孩子磕着碰着了，梦见家长指着鼻子骂我。压力太大了，人都神经质了！我最近总跑医院看病，见了孩子和家长都想躲得远远的。"

……

听着大家你一言我一语的，李园长心里思忖："大家伙儿都不想干了，这幼儿园该怎么办呢？"

身陷职业倦怠怎么办?

今天，超过三分之二的幼儿园教师有明显的职业倦怠倾向[①]，近三成教师有离职想法或已离职[②]。很多幼儿园教师在生理和心理上感觉疲惫不堪；在工作中常常担忧出现安全事故，精神高度紧张，不敢作为；在生活上缺乏闲暇，脾气暴躁，经常因小事发火；感受不到工作的成就与意义，却感到职业生活严重损害了个人生活的质量，因此常常有离职的打算……

职业倦怠（burn out，也有译为工作倦怠），是指个体在面对过度工作需求时所产生的身体和情绪的极度疲劳状态。1974 年，"职业倦怠"的概念一经美国心理学家费登伯格（Freudenberger）提出，就迅速引起了众多研究者的关注。[③] 研究发现，在以人为服务对象的职业领域中，从业者产生职业倦怠的概率极高。通常，职业倦怠表现在三个方面：（1）情绪衰竭（emotional exhaustion），指个体情绪情感处于极度疲劳状态，工作热情完全丧失；（2）人格解体（depersonalization），指个体以消极、否定或麻木不仁的态度对待工作对象；（3）个人成就感降低（diminished personal accomplishment），指个体

---

① 梁慧娟，冯晓霞. 北京市幼儿园教师职业倦怠的状况及成因研究 [J]. 学前教育研究，2004（5）：32-35.

② 李清. 幼儿园留住教师有点难 [N]. 中国教育报，2015-3-22.

③ 参考杨秀玉，杨秀梅. 教师职业倦怠解析 [J]. 外国教育研究，2002（2）：56-60.

在工作中的效能感降低，并倾向于对自我进行消极评价。[①]

教师是典型的助人行业，也是职业倦怠的高发群体。不仅幼儿园教师中职业倦怠倾向严重，中小学和大学教师中部分教师也有明显的职业倦怠倾向。[②] 同时，除了中国以外，世界其他国家的教师也有职业倦怠的倾向和表现。例如，Farber（1991）估计，有 30%～35% 的美国教师对自己的职业强烈不满，而 5%～20% 的人已在工作倦怠状态。[③] 这是因为——

（1）教师从事的教育教学工作本身就是压力情境。教育工作任务要求教师在统一的情境中对个性差异极大的学生因材施教，并且要求教师在有限的时间里与学生进行有感情的深入交流。幼儿园教师还同时承担着保育与教育幼儿的双重任务，要时时关注每一名幼儿的生理与心理变化。另外，由于幼儿行动能力不足，幼儿教师还必须预防极易发生的安全问题。

（2）现代社会的繁杂与变化对教师工作提出了更多的要求与期望，不断进行的教育改革频繁地挑战着教师的教育观念与习惯。在每一次教育观念与习惯的改变中，教师都忍受着割裂与蜕变的辛苦。近些年，我国幼儿教育领域的改革风潮十分强劲。无论是被动，还是主动，大批量的幼儿园教师经历着改革带来的变化之痛。另外，由于幼儿园工作与幼儿家庭联系紧密，幼儿园教师不仅要吸引和指导幼儿家长参与幼儿教育工作，还要应对不同文化背景的家庭提出的不同要求。可以说，社会生活中的"风吹草动"都会影响到

---

① 参考王晓春，甘怡群.国外关于工作倦怠研究的现状述评 [J].心理科学进展，2003（5）：567-572.

② 参考赵玉芳，毕重增.中学教师职业倦怠状况及影响因素的研究 [J].心理发展与教育，2003（1）：80-84. 伍新春，等.中小学教师职业倦怠的现状及相关因素研究 [J].心理与行为研究，2003（4）：262-267. 朱燕.高校教师的职业倦怠研究 [D].华东师范大学，2007.

③ 转引自王晓春，甘怡群.国外关于工作倦怠研究的现状述评 [J].心理科学进展，2003（5）：567-572.

幼儿园教师的工作。

（3）如此高强度的工作得到的支持与回报是不相称的。一方面，教师能够从组织和同事中间获得的支持非常有限。另一方面，教师的工资水平较低。尤其，幼儿园教师的工资不仅低于中小学教师的工资，一些地方还低于保姆或家政人员的收入。

拓展阅读

尽管与其他同类行业从业者和中小学教师相比，幼儿园教师的工资仍然偏低，但近些年来有明显的增幅。2009 年全国幼儿教师年平均工资为 7594 元，2010 年全国幼儿教师年平均工资达到了 19532 元[①]。当然，政府仍需考虑幼儿园教师的生活保障问题，提升幼儿园教师的工资水平，吸引更多的优秀人才从事幼儿教育工作。有研究者对东亚五大城市——深圳、香港、首尔、东京和新加坡——幼儿园教师的工资待遇进行了比较分析，深圳幼儿园教师的工资水平和食物购买力都位居倒数第二，仅好于新加坡；从租房能力来看深圳位于第三。与我们不同的是，日本幼儿园教师的工资水平、食物购买力和租房能力都位居第一。[②]

（4）角色冲突与角色模糊常常让教师焦灼。工作与家庭在"争夺"教师的时间和精力。一些教师因为家庭和子女教养问题而无法专注于工作，更多的教师则是因为投入工作忽视了对自己子女的教养和家庭生活，进而常有愧疚之情。同时，在多种工作角色中间来回转换也耗掉了幼儿园教师许多"精

---

① 燕学敏.问题与挑战：省际教师工资发展水平的状况分析 [J].中国教师，2013（6，上）：45-48.
② 参见李辉，等.东亚五大城市幼儿园教师工资待遇比较分析 [J].幼儿教育（教育科学），2013（4）：3-6.

与诤友对话——
幼儿园教师师德案例读本

气神"。幼儿园教师不仅是孩子的教师，还是教育研究者、幼儿园的员工和家长的咨询者等。许多幼儿园教师坦言，"带孩子再累也不觉得累，但是现在已经没有时间来关注孩子了"。幼儿园教师把大量的时间用在了考核、记录、家园沟通和所谓的"教育研究"上。时日一久，教师自然疲惫不堪。

如今，教师的职业倦怠已经成为了"教育中的危机"。教师的职业倦怠不仅危害着自身的身心健康与发展，还对教育质量产生了消极影响。研究发现，陷入职业倦怠的教师"容易对学生失去耐心和爱心，对课程准备的充分性降低，对工作的控制感和成就感下降"[①]。例如，有职业倦怠倾向的幼儿园教师会有意无意地减少与幼儿的互动，忽视幼儿的个别差异，漠视幼儿的需要，甚至用轻蔑的方式对待幼儿。同时，他们常常在无准备的情况下开展教学活动，活动质量很低，甚至教给幼儿一些错误的信息。另外，职业倦怠倾向越严重，幼儿园教师越容易情绪失控，对幼儿使用武力或暴力的概率就越高。除此之外，职业倦怠也会导致教师对同事和管理者不信任，敌视家长，与所有人的交往处于疏离状态，使自己深陷孤独。可想而知，在如此"倦怠"的教师负责的班级里，幼儿的生活与学习质量是无法保证的，甚至幼儿常常被"倦怠的教师"伤害。

---

① 伍新春，曾玲娟，秦宪刚，郑秋 . 中小学教师职业倦怠的现状及相关因素研究 [J]. 心理与行为研究，2003（4）：262-267.

职业幸福在哪里？

职业倦怠与职业幸福是幼儿园教师对职业产生的两种性质截然相反的心理体验，两者相互排斥。缓解职业倦怠有助于提升职业幸福感，而提升职业幸福感自然有助于缓解职业倦怠。[①] 我们相信，每一位幼儿园教师都期望摆脱职业倦怠，走向职业幸福。

首先，幸福是什么呢？"幸福是人的目的性自由实现时的一种主体生存状态。"[②] 这里的目的是一种精神性或价值性目的，不是指个人生理需要的满足。生理需要的满足能带给人短暂的快感，追逐和实现生理需要的满足是所有动物都会的自发行为，不是人类专有的目的，也不能带给人持久的幸福。超越生理存在的精神性或价值性目的才能带给人幸福，这是人的个体智慧与类生活结合后的独有产物。精神性或价值性目的的实现能给人带来延续性的积极的心理体验。自由是合目的性与合规律性的统一，即合乎自然、社会发展和人类活动的规律。违背规律地追求目的实现只会给人挫败感，而不可能接近幸福。"当个体感觉到他找到人之为人的目的，并且他觉得自己的行为是在践行这一目的时他就会有一种主观上的践行天命的愉悦，这就是幸福

---

① 谢蓉，曾向阳.幼儿教师职业倦怠的缓解与职业幸福感的提升 [J].学前教育研究，2011（6）：67-69.
② 檀传宝.教师伦理学专题——教育伦理范畴研究 [M].北京：北京师范大学出版社，2000：23.

感。"①

通俗来讲，幸福就是人快乐和充实地去实现有意义的目标的过程。有意义的目标、充实地做和快乐是幸福的三个要素。②

有意义的目标是幸福的第一个要素。当我们的行为对他人的福祉产生促进作用时，我们会感受到自己行为的意义。意义发生在人与人的关系中。在以生理需要满足为目的的活动中，行为的主体和目标都是自己，行为会产生短期的效果，但很难长久地维系意义。幼儿教育工作的目标是促进婴幼儿全面健康地发展。在所有的教育阶段中，幼儿教师所面对的教育对象最为幼小，可塑性最强，幼儿教师所实施的教育影响最为深远、持久。这就使得幼儿园教师的工作能产生全面、持久的意义。

充实地做是幸福的第二个要素。充实是一种积极投入的状态。有了目标，充实地去做就会感到幸福。如果只有目标，而不去做，反而会陷入一种焦虑状态。充实地做，就要按照规律，有计划、有步骤、有方法地去做，这样能逐步看到做的成效。幼儿教育工作要依据幼儿的成长规律制订计划，每天根据幼儿的生活逻辑展开活动，在有序的活动和有准备的环境中让幼儿自主学习与游戏。整体上，幼儿园教师的工作是简单、有序、有效的状态。这不仅会让幼儿受益，也会让幼儿园教师感到充实。充实不是忙碌、忙乱或疲惫。在幼儿教育工作中，教师经常要面对多方面的事务，这时就要进行平衡和协整，假若由于主观或客观原因陷入过度忙碌或疲惫的状态，就很难感到幸福了。

快乐是幸福的第三个要素。理论上来讲，快乐不是幸福的必备要素，而

---

① 檀传宝.教师伦理学专题——教育伦理范畴研究 [M].北京：北京师范大学出版社，2000：26.
② 这里的幸福三要素说参考了马丁·赛里格曼（Martin Seligman）在《真正的幸福》（*Authentic Happiness*）一书中的解释，他认为幸福有意义、快乐和投入三个成分。

是增值要素。因为在我们追求和实现有意义目标的过程中，有时会遭遇挫折，甚至是痛苦，情绪上的低落并不妨碍我们内心的幸福感。但是，假若一份工作既能产生有意义的结果，过程本身又充满各种乐趣，那么从事这份工作就更容易获得幸福感，或者幸福感更强。幼儿教育工作就是这样的。幼儿园教师整日与天真可爱的幼儿在一起，幼儿的一举一动都能让人感觉愉悦，哪怕是错误与调皮的行为都常让人忍俊不禁，这份日常交往的快乐是其他工作不能比的。所以，理想当中，幼儿园教师是幸福的。就像一位幼儿园教师在教育日志中写道："工作以来，幼儿给予自己的每一个微笑、每一个拥抱、每一次亲吻，都能让我感觉被幸福融化掉了……和孩子在一起是幼儿园教师最大的幸福。"正是这份职业幸福，吸引着我们坚定地走上或走在幼儿教育工作的道路上。

我们去工作，不论做什么工作，我们每个人都在追求幸福。这是颠扑不破的真理。问题是，很多人在追求幸福的道路上又忘记了幸福究竟是什么。如前述案例中的几位幼儿园教师一样，他们被一些"假幸福"蒙住了双眼，把职业幸福和金钱、闲暇、没有压力等联系在了一起。

"有钱才幸福"，这是我们眼前最大的假象。必须承认，金钱是社会生活中不可或缺的。我们可以用金钱来换取美味的食物和安乐的住处等等一系列我们想要的物质生活。这样，我们就会感到快乐。但是，要看到，物质生活的满足带来的是快乐，而不是幸福。反过来，在没有金钱参与的情况下，人们仍然可以体会到幸福，甚至是更强烈的幸福。例如，幼儿分享给自己的一瓣桔子要比自己买来的一箱桔子都好吃，让人印象深刻；幼儿为自己捶背的一刹那比任何昂贵的按摩器给人的感觉都好，让我们由内而外地舒展；等等。并且，在金钱富足的时候，一些人仍然体会不到幸福。寻衅滋事或开豪车卖水果的富二代是最为典型的例子。他们拥有足够多的金钱，但是在精神上空虚寂寞，没有生活目标，所以幸福感很低。这些经验事实都能证明金钱不是幸福的要素。经济学中也有"幸福—收入之谜"这样一个有名的悖论，意思是说人的幸福感不会随着收入的增长而持续上升。财富只是影响幸福的一个因素而已，并不是"财富越多，幸福越多"。除了财富以外，人的身体健康、工作稳定、婚姻状况和人际关系等诸多方面都会对幸福产生影响，但是幸福并不等于健康、工作、婚姻和关系。

第二大"假幸福"就是"没有压力地过着闲暇的生活"。这种说法为享乐主义者所主张。一些人甚至希望不工作最好，这样不仅没了工作压力，还只剩下闲暇来打发。对忙碌的幼儿园教师来说，这样的梦想似乎很有吸引力。但是，这种生活到底会带来什么结果呢？有心理学家做过实验，付费给一些大学生，并保障他们的基本需要，但是禁止这些大学生做任何工作。在 4 ～ 8 小时后这些大学生开始感到了沮丧，尽管参与研究的收入非常可观，但他们宁可放弃参与实验而选择那些压力大同时收入也没有这么理想的工作。[①] 可见，没有压力地过着闲暇生活并不幸福。如前所述，幸福需要充实地投入到有意义的工作中才能获得。任何一项工作都会有一定的挑战，进而给人一定的压力。积极的工作者应该是应对挑战，而不是逃避挑战。适度的压力能激发人积极地行动，没有压力则会让人无所事事。当然，压力过大会抑制人的行动。这就需要我们在工作中调节压力，将其控制在适度状态。

---

① [以] 泰勒·本 - 沙哈尔 . 幸福的方法 [M]. 汪冰，刘骏杰，译 . 北京：当代中国出版社，2007：21.

无所事事是魔鬼设下的陷阱

一个冷血的歹徒被警察打死后，向天使请求进入天堂。天使答应了。歹徒在那里享受着大笔的金钱、山珍海味、美女……一开始，歹徒感觉好极了；但慢慢地，这种不劳而获的生活让他感到无聊。于是，他向天使请求做一些工作。天使回答："在这里什么都有，就是没有事情可做。"终于，歹徒向天使请求离开："让我走吧，就算去地狱也好！"这时，天使哈哈大笑，变回了魔鬼的样子，对歹徒说："你早在地狱了！"①

幸福不是客观事实，而是人基于客观事实的主观感受。幸福，或者不幸福，主要看人们对其生活的看法和感受。著名的哲学家罗素告诫我们，"种种不幸的根源，部分在于社会制度，部分在于个人心理"。个人的不幸"很大程度上由对世界的错误看法、错误伦理观、错误的生活习惯所引起，结果导致了对那些可能获得的事物的天然热情和追求欲望的丧失。"②一项研究发现，在拥有积极择业动因（如"自己对孩子的爱"）的幼儿教师中，大多数教师会经常体验到职业幸福感；而拥有消极择业动因（如命运的安排、急于找到一份工作）的教师中，有许多教师在工作中只是偶尔能体验到职业幸福感。③他们的区别在于对目标意义的理解不同，而有意义的目标是幸福的第一要素。

---

① 改编自［以］泰勒·本-沙哈尔.幸福的方法 [M].汪冰，刘骏杰，译.北京：当代中国出版社，2007：21.

②［英］伯特兰·罗素.走向幸福 [M].陈德民，罗汉，译.上海：上海人民出版社，1988：5，7.

③ 束从敏.幼儿教师职业幸福感研究 [D].南京师范大学硕士论文，2003：19.

在社会条件和幼儿园工作条件既定的情况下，幼儿园教师个体决定着自身能否获得职业幸福感。一项研究发现，内在控制性强的个体心理幸福感高于外在控制性强的个体。① 即，那些习惯于把事情的结果归因于内在的能力和努力的个体，要比那些习惯于把事情的结果归因于外部的压力或机遇的个体的心理幸福感要高。这就说明，调整自我有可能增强幸福感。我们要相信自己修炼幸福的能力。

---

① 崔春华，李春晖，杨海荣，等. 958 名师范大学学生心理幸福感调查研究 [J]. 中国行为医学科学，2005（4）：359-361.

修炼幸福的能力

我们认为，实现幸福＝修养德性＋努力行动！从观念和行为两个层面进行调整，就能够拥有修炼幸福的能力！

第一步，修养德性。

德福一致，这是中外思想家共同认可的社会规律。甚至，有思想家认为德性本身就是幸福。例如，亚里士多德认为"幸福即是合乎德性的现实活动"[①]。传统儒家认为德行就是幸福生活。在幼儿教育工作中，幼儿园教师本身既是劳动主体，也是劳动工具。幼儿园教师自身的德性对幼儿有明显的影响。提升幼儿园教师的师德，就能够提升幼儿教育的效果。这样，从外部效益来看，教师的"德"与教育的"得"是一致的，进而与教师的幸福是一致的。同时，道德是调节人际交往的规范。"有师德"意味着教师能够正当、良好地处理各种教育关系，教师能够更好地体验到教育交往中的快乐与意义。这样，从内部效益来看，教师的"德"与教师的幸福也是一致的。

即便我们在现实生活中发现，有的人有德性却不幸福，有的人道德败坏却享尽奢华。这只能说明，德性不是幸福的充分条件。除了德性以外，人的幸福还会受到机遇、财富、健康等其他因素的影响。但是，谁都不能否认，

---

① ［古希腊］亚里士多德. 尼各马可伦理学 [M]. 苗力田，译. 北京：中国人民大学出版社，2003：14.

德性是幸福的必要条件，是幸福的心性基础。没有德性，没有德性所带来的良好的人际关系和充实的内心体验，任何所谓的"幸福"都是假象。一项关于优秀幼儿园教师人格特征的研究发现，与一般幼儿园教师相比，优秀幼儿教师情绪更为稳定和成熟。她们办事认真负责，好强奋发，独立积极，严于律己，言行一致，能合理支配自己的感情和行为；在为人处事上，她们能保持自尊心，并能赢得别人的尊重，同时还能较好地与人合作共事；在对待所有的事情上，她们更为务实，冷静沉着，有自信。[①] 这些优秀的人格特征使得他们走向了成功。努力使自己成为有德性的教师，就是在为幸福的来临做准备！

首先，树立健康、向上的人生观与价值观，避免享乐主义。对"俗福"（纯粹感官上的快乐）的沉溺有可能降低或败坏人们对真正的幸福——"雅福"（精神性质的愉悦）的领悟力和感受力。[②] 如果你每天都在想自己一天的劳动值多少钱，或者吝惜自己的体力与精力，你就永远无法在工作中感到愉悦，也永远不知道什么叫劳动后的酣畅淋漓，更无法感到满足。在工作中遇到问题时，如果总是把不如意归于外部因素，表现出一种依附的非主体状态，就会常常感到被压迫，时常倦怠。我们幼儿园教师要树立主体性，认识到自己是工作中积极的投入者和问题的掌控者，这样才有机会感到幸福。

其次，把工作作为自己的使命。工作不是外在的压迫，不是谋生糊口的工具，而是实现我们人生价值的平台，展现我们人生风华的舞台。我们要把幼儿教育工作本身作为目标，看成是自身人生意义的来源。幼儿园教师的主要工作是开展保教活动，促进幼儿的发展，为家庭提供教育指导。幼儿园教

---

① 杨敏，朱丽丽，张瑛.优秀幼儿教师人格特征研究 [J].宁波教育学院学报，2001（3）：19-21，42.
② 檀传宝.论教师的幸福 [J].教育科学，2002（2）：39-43.

育对幼儿各方面的发展都有着长远、深刻的影响，并间接地对社会稳定与发展发挥重要作用。尤其，通过幼儿参与未来的社会生活，幼儿园教育对整个社会发展具有长效作用，特别是消除社会贫困方面有明显影响。[①] 可见，幼儿园教师的工作价值不限于幼儿园这一个狭小的空间内，其意义深远，价值广阔！这样的工作叫我们如何不把其作为自己的使命呢？我们应深知，幼儿园教师的使命是传播爱与帮助生命绽放。

拓展阅读

> 三个工人在砌一堵墙，有个人过来问："你们在干什么呢？"第一个人没好气地说："没看见吗？在砌墙。"第二个人抬头笑了笑，说："我们在盖一座高楼。"第三个人边干边哼着歌曲，他的笑容很灿烂，很开心："我们正在建设一个新的城市。"十年后，第一个人在另一个工地砌墙；第二个人坐在办公室里绘图纸，成了工程师；第三个人呢，是前面两个人的老板。[②] 这说明，人对工作的不同理解与定位会影响人工作成就的高低。

第三，坚定教育信念，追求教育理想。德国教育家雅斯贝尔斯说过："教育须有信仰，没有信仰就不成其为教育。"教育信仰是教师工作的动力之源与支柱。"教育是极其严肃的伟大事业，通过培养不断地将新的一代带入人类优秀文化精神之中，让他们在完整的精神中生活、工作和交往。"[③] 这是教育的本质。幼儿园教师要相信通过自己的教育努力，能够为幼儿营

---

① 参考庞丽娟. 论学前教育的价值 [J]. 学前教育研究，2003（1）：7-10.

② http://zhidao.baidu.com/question，2010-4-1/2015-4-1.

③ [德] 卡尔·雅斯贝尔斯. 什么是教育 [M]. 邹进，译. 北京：生活·读书·新知三联书店，1991：44.

造一个良好的生活和学习环境，最大可能地促进幼儿的发展，进而影响自己和幼儿共同生活的社会。"教师的信念和职业理想是教师在压力下维持心理健康的重要保证"[①]，是克服职业倦怠最好的解毒剂。因为，在教育理想的指引下，幼儿园教师才能够全身心地投入到教育工作中来。在此过程中，"教师个人的成就几乎没有人会注意到，教师不是抱着投机的态度敷衍了事，而是全身心地投入其中，为人的生成——一个稳定而且持续不断的工作而服务。"[②]

第二步，努力行动。

幸福不是等到的，是在我们的努力行动中遇到的。"人们完全投入到所从事的活动中去，以至于除了活动本身，没有其他的东西更为重要，同时也没有更多的精力和时间来判断自己当时是否幸福。"[③]一直到事后回想起来的时候，才觉得自己十分幸福。这就是心理学中说的"流体验"，也叫"忘我体验"。很多人在"忘我体验"后幸福着，收获着。例如，孔子有"三忘"，即"发愤忘食，乐以忘忧，不知老之将至"。我们幼儿园教师要全身心地投入到教育工作中，努力行动，在行动中忘我，最后与"幸福"不期而遇。

当然，努力行动不等于苦修，而应当是一个自我享乐的过程。一开始，人们会为不能很快地实现行动目标或结束行动而烦恼。因为烦恼，所以行动过程就变得苦不堪言。然而，当你更加努力地去行动时，你就忘记了自己离最终目标或结束时刻的距离，而只关注自己的行动过程是否流畅完美，以及下一个行动内容是什么。逐渐地，行动过程中就会产生无穷的乐趣。教育本就是一个享乐的过程。因为教育之外无目的，教育的目的就在教育过程之

---

① 蔡慧君，雷玉英.论教师职业倦怠 [J].教育探索，2004（1）：107-108.

② [德]卡尔·雅斯贝尔斯.什么是教育[M].邹进，译.北京：生活·读书·新知三联书店，1991：44.

③ 奚恺元.撬动幸福：一本系统介绍幸福学的书 [M].北京：中信出版社，2008：15.

中。教师只需要在教育过程中专注于与幼儿的每一次交流与互动即可，过程本身就是在实现教育目标。因此，教育者很容易在教育过程中找到乐趣。例如，与幼儿交往的乐趣，幼儿的发展变化所带来的乐趣等。孟子把"得天下英才而教育之"作为人生三乐之一。我们幼儿园教师也应该带着享乐的态度来开展教育工作，这样才能带给幼儿和自己积极的教育体验。

那么，如何开展教育行动呢？

首先，幼儿园教师要有行动的能力，即拥有深厚的专业知识和扎实的专业能力，以及较好的专业情意。幼儿园教师所从事的保教工作是一项专业活动，是需要经过长期训练的有资质的人才可从事的工作，工作对从业者的专业伦理、知识与能力都有着较高的要求。这些在世界联合国教科文组织的《关于教师地位之建议书》中，以及我国的《中华人民共和国教师法》和《幼儿园教师专业标准（试行）》中都有明确的规定和说明。

其次，幼儿园教师要创造性地开展教育活动。幼儿园教育是一个富有弹性的教育空间，并且要求教师在复杂的教育情境中快速地做出反应。同时，幼儿园教育应当与家庭教育和社会教育合作，要求幼儿园教师广泛地关注社会，充分地调动家庭的力量。这些工作性质本身就要求幼儿园教师要有创造性和主体性。

第三，幼儿园教师要不断地追求专业发展。幼儿园教师的工作要求幼儿园教师不断地追求专业发展与进步，以保证教育质量。同时，幼儿园教师为幼儿提供"什么样的教育将最终决定幼儿教师过什么样的教育生活"[1]。我们不断地提升专业水准，不仅有益于儿童的教育，也有益于我们自身幸福感的提升。教师实现专业发展的途径与方式有很多种，包括听讲座、观摩学习、

---

① 束从敏. 幼儿教师职业幸福感研究 [D]. 南京师范大学硕士论文，2003：95.

教学研讨和开展课题研究等。其中，教师主动地发现问题、进行教育研究是一条最有效的专业发展途径。如苏霍姆林斯基所说，"如果你想让教师的劳动能给教师带来一些乐趣，使天天上课不至于变成一种单调乏味的义务，那你就应该引导每一位教师走上从事研究的这条幸福的道路上来"①。

---

① 蔡汀，王义高，祖晶.苏霍姆林斯基选集（第4卷）[M].北京：教育科学出版社，2001：670.

身边的榜样

郭老师今年已经50多岁了，两三年后她就要从幼儿园退休了。可就在昨天，我在大学的一个讲座现场又发现了她的身影。看来，她还在坚持学习。一直以来，郭老师总是寻找各种机会学习，看书、听讲座、参观、交流等。凡是学习，她总是积极热情的。

我认识郭老师已经近10年了。当年，我还是她班上的一名实习生。在实习的过程中，郭老师的一些事迹给我留下了很深的印象。第一件事情是春游。鉴于幼儿园安全责任的压力，幼儿园明令禁止教师组织幼儿春游。可郭老师"顶风作浪"。她先是利用户外游戏的时间，带着孩子们在幼儿园里"找春天"。然后，她跟园长软磨硬泡，并立下"军令状"，带着全班孩子到附近的大学里"远足"。她很聪明地跟园长打了个擦边球。"远足"给了孩子们发现春天的喜悦。我记得，当时回到幼儿园活动室后，我累得一屁股就坐在了椅子上，一群额头上冒汗的小家伙们竟意犹未尽地围着郭老师问："什么时候再去啊？"站在孩子们中间的郭老师满脸笑容，那里面有幸福、自豪、自信……

第二件事情是接收转班的孩子。当年在那家幼儿园里，一位大学教授在开展社会退缩幼儿的筛查与干预研究，在一个中班发现了一名极度退缩的幼儿，并确认孩子退缩的原因在于教师以往的批评伤害。为此，教授建议园长将这名孩子转到其他平行班去。转到哪个班去呢？谁愿意多费心力地帮助这个有严重行为问题的孩子呢？又有谁愿意与孩子原来班级的教师"明枪开仗"呢？"我愿意！"郭老师在其他教师都缩头逃避的情况下勇敢地接收了这个孩子。我问她："你不怕得罪孩子原来班上的老师吗？""不怕！同事关系是一时的，孩子的问题是一生的。我做我应该做的。"一个学期里，郭老师利用休息时间到孩子家里家访，在班级活动中对孩子进行特殊关照，在教授的指导下一步一步地转变孩子的行为。真行，一个极度退缩的孩子竟然在一个学期里变得能和同伴一起游戏了。当我向郭老师夸赞孩子的转变时，郭老师脸上是如释重负般的微笑，那里面有幸福、期盼、坚持……

第三件事情是离职风波。当年，郭老师的儿子有了儿子，就希望母亲辞职回家带孙子。郭老师拒绝辞职，表示愿意利用下班时间多带孙子。郭老师的爱人不干了："你一个幼儿园教师那点工资连请一个保姆都不够，你算算看，你在家带孙子和请一个保姆看孩子哪个划算？"郭老师听了委屈，还是坚持："那是我的事业，不是挣钱那么简单！"当时听了郭老师的讲述，我也劝她："幼儿园教师的工资确实不高！""你记住，如果你要做教师，就别惦记钱，这本身就不是挣钱的门路！和孩子在一起，和很多孩子在一起，看着他们健健康康、快快乐乐地长大。这就是幼儿园教师。"那一刻，郭老师脸上的表情是严肃的，那里面有幸福、镇定、从容……

专题二 "亲一口！"————

——幼儿园教师的尊重

"亲一口！"

中午饭间，小李老师掏出手机给王老师晒自己班孩子的萌照："你看这孩子可爱的，真想亲一口！"

这一下子打开了王老师的话匣子："那你干吗不亲啊？看到喜欢的孩子，我是时刻不忘揩油啊，亲一口是最爽的，捏捏脸蛋也是很舒服的……孩子有不愿意的时候。现在的孩子厉害着呢。一次我亲了一个别的班的女孩儿，她竟然追着我打……（笑声）……我不是她的老师，她才敢这样。她班的老师还鼓励她'狠狠地打'。大家伙儿都乐得不行了，只有那个姑娘气得直瞪眼。所以，你得讲究策略！趁孩子不注意或者睡觉的时候亲是一种办法，还有一个办法就是'威逼利诱'。'来，老师亲一个，亲一个给糖吃！''你不是想当值日生嘛，那先让老师亲一个。'我在我们班现在已经有五个'孩子'了，都是我喜欢的类型。每次见到他们，我只要一喊'儿子'或者'闺女'，他们马上就会跑到我跟前来，跟我亲亲抱抱，还会说些好听的，感觉很好。"

"哎呀，真美慕你，王老师！"小李老师一脸的仰慕。

两句恭维的话让王老师得意不已，不想被旁边的夏老师压住了气势，"这有什么呀，我现在都懒得伸手，随便哪个孩子，我脚一勾把孩子勾到跟前，指指脸蛋，孩子就知道凑过来亲亲。这可不是我要亲他们，而是他们来亲我！"

"那你更厉害，我得学着点儿了！"小李老师一脸的吃惊……

个人喜好，还是儿童需要？

听到两位老师的这番"经验分享"，您是否也很吃惊呢？孩子确实很可爱，但幼儿园教师该不该这般做呢？

许多幼儿园教师会亲吻和拥抱孩子，孩子们也常常需要教师的亲吻与拥抱。与中小学相比，亲吻与拥抱是教师与幼儿交流的一种特殊方式，其中发生了亲密的身体接触，渗入了双方深厚的感情。理论上来讲，"身体接触对于任何年龄的人来说都是基本需要。"[①] 身体接触意味着心灵接触。个体年龄越小，身体接触的影响越明显。身体接触包括亲吻、拥抱、抚摸和偎依等。在适当的前提下，身体接触是在向幼儿传达爱意，能帮助幼儿建立起对外界的安全感和信任感。尤其，在幼儿情绪高涨或低落时，教师适宜的拥抱与亲吻能够有效地回应或安抚儿童，其效果远胜千言万语。

问题是，今天我们部分幼儿园教师的一些"亲亲抱抱"完全是个人喜好，不顾幼儿的意愿与需要，变成了"调戏儿童"。就像案例中的王老师和夏老师一样，看到漂亮的孩子就凑上前亲亲，不管这个孩子原本正在睡觉或者游戏；孩子们自由游戏时，将个人中意的孩子唤到跟前，一番逗弄的过程中抱抱亲亲；等等。在这些情况下，教师的"亲亲抱抱"完全是自发的、无

---

① 韦小凡．身体接触的功能 [J]．中国青年科技，2003（3）：22-23．

意识的、不假思索的行为，受制于自身感官的愉悦需要，很不适宜。

这随意的"亲亲抱抱"有什么影响吗？很多幼儿园教师对此不以为然。事实上，"人体接触的作用就像其他任何一种信息一样，可能引起积极反应或消极反应"①。在不适当的情况下，"亲亲抱抱"有着诸多的坏影响。

首先，不顾幼儿的意愿随意亲吻幼儿会增加幼儿对教师的反感，使幼儿远离教师，破坏已经建立的师幼关系，不利于教师对幼儿实施正常的教育影响，增加了幼儿园教师的工作难度。一些幼儿园教师想当然地以为幼儿喜欢被亲亲抱抱，进而在幼儿中间"遍洒"亲吻和拥抱。殊不知，幼儿不是因为被老师亲到或抱到才喜欢上老师，而是因为喜欢了老师才想与老师亲亲抱抱。

其次，"被亲吻"的经历会造成幼儿轻视正当的、适度的身体接触所传递的信息，甚至恐惧人际交往中的身体接触，或者对人际交往虚伪应对。在不愿意的情况下"被亲吻"是不愉快的经历，会给幼儿一种"被强暴"的感觉，引发幼儿的内心冲突。就像追着王老师打的小女孩儿一样，在成人乐呵的时候，她十分地生气。要调适内心的冲突，幼儿通常会选择两条道路：一是不把"亲吻"当回事，没关系，谁都可以亲亲，这不代表和说明什么；二是在不得罪老师的情况下应付老师的"亲吻"，假装接受，努力装出没事的样子。这就像王老师的五个"孩子"和夏老师用脚勾来的孩子一样。久而久之，幼儿对"被亲吻"的应激反应会演变成稳定的心理机制，把错误的人际交往模式延续下去。

最重要的，任由这种"不顾幼儿意愿"的行为逻辑发展下去后果不堪设想。就像案例中的夏老师一样，"用脚将孩子勾到跟前"，这样的行为已经

---

① 韦小凡. 身体接触的功能 [J]. 中国青年科技，2003（3）：22-23.

非常恶劣了，严重违背了尊重幼儿的原则。我们在幼儿园里观察到，那些明显不顾幼儿意愿的教师，很容易强行规定活动目标与内容，不考虑幼儿的接受程度和学习热情，以至于造成教育活动无效；他们经常漠视幼儿的情绪反应，甚至有意无意地忽略幼儿的生理需要，以至于幼儿得不到应有的保育，造成身体或心理上的伤害；他们在与幼儿交往的过程中，常常强硬地坚持己见，并要求幼儿执行自己的意见，不然就对幼儿施以惩罚……最严重的后果便是"虐童"。例如，2012年10月，浙江省温岭市的幼儿园教师颜某在网络空间中贴出了700多张自己虐待班上儿童的照片。其中一张是颜某双手揪着一名男孩儿的双耳，将其拎起，离地三寸还多。男孩儿惊恐地嚎啕，颜某则眉开眼笑。事后，记者采访颜某，问其为何揪着男孩儿的双耳拎起他，颜某的回答是"好玩儿"；记者又问其是否考虑了幼儿的感受和意愿，颜某的回答是"没有"。试想一下，这样会给被揪着双耳拎起的男孩儿留下怎样的生理和心理伤害呢？当教师不顾幼儿意愿，完全凭个人意志和喜好来对待幼儿时，所造成的后果是惨烈的。虐待儿童留给儿童的伤害有多深，"不顾幼儿意愿"的行为逻辑就有多危险。

因此，无论是从保证教育质量，还是从防范教育危机的角度来看，"不顾幼儿意愿"的"随意亲亲抱抱"都是要不得的，幼儿园教师的一举一动都应考虑幼儿的需要，做到尊重儿童。

尊重儿童

　　被尊重是儿童最基础的需要之一。有些人以为儿童幼小，不需要尊重；尊重是成人，尤其是那些接近自我实现的成人才有的需要。这种认识大错特错。自出生起，儿童的生理需要和精神需要在同步增长和表现。被他人尊重是儿童健康成长的前提和保证。这是因为，在儿童被尊重的前提下，儿童的内在秩序才会自然地展现出来，需求被实现或满足，从而成长为健康的人。同时，良好的自我概念是个体身心健康的一部分，自尊是建立在被他人尊重的前提下的。从成人的角度看，在尊重儿童的前提下，我们才能深入地发现和了解儿童的需要，进而满足儿童的需要，促进其成长和发展。我们应当牢记，越是幼小的儿童越需要被尊重。

拓展阅读

　　从婴儿期到幼儿期，儿童的尊重需要经历了一系列的表现变化。（1）要求得到成人的关注。从出生的那一刻起，婴儿就喜欢得到成人的关注。如果一段时间里得不到成人的关注，婴儿就会哭闹。除了哭闹以外，婴儿还会通过微笑和制造响声来吸引成人的注意。有了一些行动能力之后，幼儿会极尽所能地来获取成人的关注，例如扔玩具、摔东西、尖叫等。

幼儿在成人的关注中确认自己的存在。（2）要求自主，对抗成人的意志。1岁半左右，幼儿就有了明显的"叛逆"。他们不再愿意接受成人的安排，要做自己想做的事情，并且按照自己的方式来做。他们会要求自己穿衣、吃饭、扫地，甚至做饭和洗衣服。如果成人强行干预其行为，幼儿会委屈地痛哭或反击。（3）要求被赞扬和被认可。幼儿喜欢被成人赞扬和认可，甚至会要求成人对自己的行为回以赞扬和认可。例如，拉着父母去欣赏自己的画作；指给父母看自己撒了一地的卡片；吃了一口饭跑到妈妈面前张开嘴巴给妈妈看。成人的赞扬和认可是幼儿确认自己行为方式的依据。①

　　尊重，就是尊敬和重视。对幼儿园教师来讲，尊重儿童是一项基本规范，是底线要求。并且，幼儿教师要用尊重幼儿的方式教会幼儿如何尊重自己与他人。这是幼儿教师对儿童的尊重不同于一般人与人之间的尊重的价值所在。在心底里，我们幼儿园教师要有这样一个认识——幼儿园教师与幼儿之间是专业的教育伙伴关系。这种关系不同于亲人之间的亲情关系，也不同于普通的服务关系。每当听到幼儿园教师将自己比为孩子们的妈妈，或者把自己视为幼儿家庭的服务者时，我都会觉得关系定位过近或过远了。"教师要与儿童保持一种适度的'疏离'，这样才能既有助于保证并增进儿童评价的客观性，也有助于避免教师自身的情感衰竭，并保证教师正常执行角色功能，给予儿童公平的教育与发展机会。"② 这个适度的距离，我想就是尊重，

---

① 参考刘晶波 . 幼儿的人格发展与尊重需要 [J]. 幼儿教育，1997（1）：7-8.
② [美] 丽莲·凯兹 . 与幼儿教师对话——迈向专业成长之路 [M]. 廖凤瑞，译 . 南京：南京师范大学出版社，2003：推荐序，5.

以及尊重带来的教育效果。

具体来讲，尊重儿童，需要幼儿园教师做到以下几个方面——

1. 尊重儿童的人格和尊严

儿童，与我们一样，是独立的个体，有自己的人格与尊严。幼儿教师每日面对幼儿，要时刻提醒自己面对的是与自己同样的个体，做到己所不欲，勿施于人。例如，不体罚幼儿，不贬损幼儿，不让幼儿"没面子"，不限制幼儿的自由，不打压幼儿的积极性，珍视幼儿的表现与表达，保护幼儿的自尊心和自信心……即便幼儿犯了错误，我们也应当用正确和科学的方式帮助幼儿"体面地"认识到自己的错误，而非以权威身份强行纠正幼儿的行为方式。

2. 尊重儿童的各项权益

幼儿自出生之日起，就成为了我们社会中的一员，其在社会生活中的各项权益不容任意剥夺和侵犯。按照《世界人权宣言》等国际人权法典的规定，世界上人人享有生命与人身安全权、自由言论与政治参与权，思想、信仰与宗教自由的权利，个人私生活不受干预的权利，以及追求幸福的权利。[①]鉴于儿童身心尚未成熟，需要特殊的照料与协助以及法律上的保护，联合国大会又分别于1959年和1989年通过了《儿童权利宣言》和《儿童权利公约》，再次强调儿童享有与成人一样的基本权利。除此之外，儿童享有健康

---

① 冯婉桢. 教师专业伦理的边界——以权利为基础 [M]. 北京：教育科学出版社，2012：19-20.

成长与发展、受教育的权利，以及优先得到保护的权利。

　　戴安娜学校的入口处，有一幅由 5 岁幼儿们制作的海报，上面写着"儿童的权利"：

　　儿童有交朋友的权利，否则儿童无法快快乐乐长大成人。

　　儿童有生活在和平环境中的权利。

　　生活在祥和的环境里就是健健康康，大家住在一起，生活中充满着令人感兴趣的事物，有朋友的陪伴，可以梦想在天空飞翔，可以作梦。

　　假如儿童不知道的话，他就有犯错误的权利，因为要等到看见问题和犯过错后才会知道。

　　我们一定要有权利，否则我们会很伤心。

——戴安娜学校，1990①

3. 尊重儿童的个性特点和儿童之间的个性差异

　　幼儿时期，个体已经有了明显的个性特征。幼儿自身的独特性，以及他们对同一事物的不同反映都值得成人珍视。例如，有的孩子喜欢搭积木，有的孩子喜欢画画，有的孩子喜欢表演游戏。幼儿教师要在教育活动中给予幼儿充分的自主和选择空间，给幼儿机会按照自己的喜欢开展游戏与活动。再

---

① ［美］卡洛琳·爱德华兹，莱拉·甘第尼，乔治·福尔曼. 儿童的一百种语言 [M]. 罗雅芬，连英式，金乃琪，译. 南京：南京师范大学出版社，2006：157.

例如，对于同一幅画或同一件事情，幼儿会有不同的审美表达或价值判断，有的说丑，有的说美，有的认为好，有的认为坏。幼儿园教师要充分地尊重幼儿的不同意见和主张，并让幼儿解释自己的判断理由，然后因势利导丰富幼儿的认识，理解他人的判断。幼儿的个体特点往往是他们优势发展领域的显现，幼儿之间的个性差异则是同伴之间互相学习的资源。幼儿教师应当提供宽松的教育环境，支持幼儿个性化的表现与探索。同时，幼儿教师要引导幼儿之间互相关注与学习。

我们反对用集体划一的教育模式和要求消磨幼儿的个性差异。严格一致的行动节奏和生活安排也会逐渐禁锢幼儿的多样化发展与个性发展。今天来看，我国很多幼儿园采用的仍然是一种集体化管理和教育模式，所有的孩子一起在同一时间按照同样的方式做同样的事情。如何在幼儿园日常活动安排模式下给幼儿更多的自主选择空间，进而充分展现幼儿的个体特点，是我们幼儿园教师要努力思考的方向。例如，更多地采用集体活动、小组学习与个别化指导相结合的方式；较多地留出区域游戏的时间；在一日生活环节中增加自主选择的机会；等等。与此同时，我们教师要做到适宜地对待幼儿的个性特点与个性差异。

4. 尊重儿童的兴趣、意愿和需要

幼儿有自己独立的思维与认识，其兴趣、意愿和需要不容强迫与忽视。通常，儿童的兴趣、意愿和需要带有明显的年龄特征和情境特点。在幼儿园教育中，儿童的兴趣、意愿和需要应当成为教育的起点与基础。

很多教师会担心，尊重儿童的兴趣、意愿和需要，就不能干涉他们的兴趣、意愿和需要，就得任由儿童"肆意妄为"。这种担心也是不对的。教育

应当是尊重与要求的统一。任何道德都是"过"与"不及"之间的中庸。尊重，并不等于顺应，而应该在顺应和引领之间实现平衡。尊重儿童的兴趣、爱好和意愿来开展保教活动，在保教活动中对幼儿提出适宜的要求，这二者之间并不矛盾。"尊重"在于提醒我们，在向幼儿提出要求时，要以尊重的方式来进行。这意味着教师的"要求"要适合幼儿的已有经验和可能达到的发展水平，保证幼儿在"要求"的指导下积极、主动地学习。这样的"要求"恰恰是教师尊重幼儿的表现。

为了做到尊重和要求的统一，幼儿园教师应当：（1）熟悉儿童的心理发展规律和心理特点，并对本班幼儿深入研究；（2）在提出教育要求时，教师要先换位思考，站在幼儿的立场上评估要求的适宜性；（3）除了直接向幼儿提出要求，教师还可将要求渗透在环境布置、学习材料或玩具的操作规则，以及游戏规则中，以隐性的形式让幼儿领悟要求；（4）无论以何种方式来提要求，教师的态度一定要真诚，并尽可能让幼儿明白为什么这样要求。

从儿童的需要出发

针对前述案例，我们建议教师的所有教育行动都从儿童的需要出发，以体现对儿童的尊重。

1. 教育应该从儿童的需要出发，引导儿童主动发展

从儿童的需要出发，这是现代教育的基本理念与规律。幼儿教育是幼儿教师与幼儿双方主体互动与交往的过程。任何一名社会成员的主体性都是以他人主体性的确立为前提的。忽视或者否认他人的主体性也就消解了自我的主体性。幼儿教师要确立自己的教育主体地位，就要承认和尊重幼儿的主体性，从儿童的需要出发来安排和组织生活与教育活动。因为需要是个体心理活动和行为的动力。没有动力，难谈主体。

培养儿童的主动性，这是现代教育的关键目标。知识爆炸掀翻了知识在教育目标序列中的地位。知识本身变得没有获得知识的能力重要。信息社会把人的主动学习能力视为了第一重要的教育目标。主动，不是教师教会幼儿的，而是幼儿自发表现出来的。幼儿天生愿意且能够主动探索未知世界。这只需要教师的确认与尊重。要实现主动学习的目标，培养适应现代社会发展与变化的儿童，幼儿教育就一定要从儿童的需要出发。

2. 幼儿园教师的每一个行动都应当饱含教育意图，契合幼儿的发展需要

我国《幼儿园教师专业标准》中明确规定，幼儿园教师是履行幼儿园教育教学工作职责的专业人员，需要经过严格的培养与培训，具有良好的职业道德，掌握系统的专业知识和专业技能。专业人员的专业行为，不同于普通人的日常行为，应当有明确的目标、科学的设计与程序、适宜有效的方法，以及积极的结果。

简单来讲，幼儿园教师的一举一动都应当是有教育意图的行动。行动，不是单次的行为，而是一连串的行为。这一连串的行为有着统一的意图指向，并且行为与行为之间有预先的思考和设计。在幼儿园里，幼儿园教师的行为不能是随意的、不加考虑的，或完全出自本能的，而应当是有设计的，是有组织地构成的教育行动。同时，幼儿园教师的行动应该有明确的教育意图。幼儿园教师的教育意图应当是理性的、具有人文关怀的，应当是指向幼儿积极健康发展的，应当是关照幼儿当下和未来终身幸福的。教师应当将他们的意图渗透在每一个行为，以及行为的细节中。换句话说，我们，包括幼儿，应当能够在幼儿园教师的每一个行为细节中感受到那温暖向上的教育意图。

与此同时，幼儿园教师的教育行动应当契合儿童的发展需要。首先，幼儿园教师保教工作的任务就是满足幼儿的生长需要，为幼儿的健康成长创造适宜的环境，促进幼儿的发展。为此，发现儿童的需要，从儿童的需要出发，满足儿童的需要，是幼儿园教师工作的基本逻辑。其次，从教育效益的角度分析，契合儿童的发展需要是获得教育效益的保障。任何活动只有在契

合个体需要时，个体才会自觉自愿地投入，并尽力达到最佳效果。如果幼儿园教师能够从儿童的需要出发开展保教活动，就能使教育效益最大化。

总之，从成人意志出发，是违背教育规律和人性原则的错误逻辑。成人会有很多自发的需要和行为。教育工作者应当对自身的需要和行为进行规范。为此，我们需要幼儿园教师职业道德规范来帮助我们约束和管理自己的行为。对于是否要亲吻和拥抱幼儿，一定要从幼儿的需要来审视和决定，并带着美好的教育意图投入其中。

身边的榜样

　　一次，两个孩子发生纠纷，我随即批评了印象中攻击性行为比较多的壮壮。他当时看上去很委屈，但是什么也没有辩解。第二天，壮壮的妈妈跟我交流了这件事。我经过调查，发现是另一个孩子先动的手，而壮壮只是还击。我错了，我该怎么办呢——私底下找壮壮道歉？把两个孩子叫在一起向壮壮道歉？还有其他孩子看到我昨天批评壮壮了吗？壮壮会接受我的道歉吗？……

　　几番挣扎之后，我站在全班小朋友面前公开向壮壮道歉，请他原谅老师的错误。"对不起"说出之后，我紧张地等待着壮壮的反应……事实上，等待的时间很短，壮壮几乎不加考虑地大声回答："没关系，老师！"我如释重负地松了一口气，可就在我心平气顺时——"不过！老师，你以后给小朋友评理的时候要多调查，像福尔摩斯那样。"壮壮毫不客气地给我指明了"方向"。我赶忙承认："壮壮说得对，老师这次确实是不调查就下结论，大错特错。……"我的话还没说完，"叭！"壮壮竟然在我的脸上亲了一口："你知错就改，这是奖励你的。"看到我惊愕的表情，其他孩子都跟着笑了起来。

　　从那以后，我们班小朋友之间的冲突似乎少了。也许是因为尊重吧！我的道歉表达了我对壮壮的尊重，我对孩子们的尊重；壮壮的"没关系"给了我尊重，孩子们的掌声给了我尊重；冲突少了说明我们都在越来越多地尊重别人。

专题三 "快点吃！"——

——幼儿园教师的责任

"快点吃！"

"好了，开饭了，老师要看看哪个小朋友吃得最快！"就餐一开始，李老师就宣布"这是一场吃饭比赛"，强调小朋友要快吃。

班上有几个孩子总是会积极地响应李老师的要求，狼吞虎咽地把饭塞进肚子，等待着李老师的表扬。"嗯！很好，今天田田吃得最快，是班上的第一名，我看看谁是第二名？田田现在可以搬椅子到一边玩玩具了。"李老师再次提醒小朋友要快吃。

可是，班上总有吃得慢的孩子。就像梦怡，早餐时间已经过去一半了，她的饭就像没动过一样。李老师走到梦怡跟前："梦怡，你要加快速度，快吃！"瘦弱的梦怡更加犯难了："老师，我吃不下！"李老师瞪了梦怡一眼："吃不下也得吃，快吃！"看着李老师严厉的眼神，梦怡一边流泪一边往嘴里塞饭……

早餐时间马上就要结束了，集体教学活动的时间就要到了。"没吃完的小朋友快点吃！"李老师发出了严厉的命令。因为李老师必须在集体教学活动开始前结束孩子的进餐。

这时，李老师发现了还没吃完饭的樊路西，"快点吃！"李老师敲了敲樊路西的桌子。"我不想吃了！"被吓了一跳的樊路西小声地申请。"快点吃！"李老师急得端起樊路西的碗开始喂他。一口，两口……"李老师，我……""快点吃，别说话！"樊路西想向李老师申请什么，但是他的话没有说完，一口饭又进到了嘴里。"哗——！"樊路西吐了，把刚刚塞进肚子里的饭都吐了……难受的樊路西忍不住掉下了眼泪。

在制度与良心的夹缝里

"快吃！"

"快吃！"

……为什么要快点吃？因为幼儿园有规定好的生活作息制度，教师（或者保育员）要在规定好的时间里组织幼儿结束就餐，将碗筷送回厨房，并按时进行下一个生活环节或教育活动……

每个幼儿园都有自己的生活作息制度。下方是某幼儿园的时间表，反映了今天中国大多数幼儿园的制度样态。通常情况下，幼儿园的进餐时间在时间表上显示为半个小时。

某幼儿园作息时间表①

07:30—08:00 入园、自选游戏活动

08:00—08:30 餐前盥洗、早餐

08:30—08:45 室内自由自选（区域）活动

08:45—09:00 早操、户外游戏

09:00—10:00 教育活动、喝水

---

① 摘自中国幼儿教师网，网址为 http://www.yejs.com.cn/Wsbj/article/id/39915.htm，时间为 2014-02-10。

10:00—11:00 户外活动

11:00—11:20 室内自由自选（区域）活动、喝水

11:20—11:30 餐前准备盥洗、入厕

11:30—12:00 午餐、散步

12:00—14:30 午睡

14:30—15:00 起床、喝水、餐点

15:00—15:40 室内自由自选（区域）活动

15:40—16:40 户外活动、喝水

16:40—16:50 餐前准备

16:50—17:20 晚餐、离园准备

17:20—18:00 离园

幼儿园里的生活作息制度把幼儿在幼儿园里的一日生活划分为不同的时间段，并在其中安排不同的活动内容。本来，幼儿园制订生活作息表是为幼儿和教师服务的，帮助幼儿和教师有组织地进行集体生活。但是，现在的生活作息表要求所有的幼儿和教师遵照它来活动，成为了一个"态度强硬"的时间管理者。无论幼儿是否想吃饭，现在是吃饭时间，就必须要在这个时间吃饭；无论幼儿是否想喝水，现在是喝水时间，就必须要在这个时间喝水……这样，幼儿园里的每一个人都被捆绑在了时间链条上，受时间制度的约束。哲学家福柯说过："纪律的第一个重大运作就是制定'活物表'（tableax vivants），把无益或有害的乌合之众变成有秩序的多元体。"[①] 在制度面前，幼儿园教师是被约束的对象；在幼儿面前，幼儿园教师是制度的代言

———————————

① ［法］米歇尔·福柯. 规训与惩罚 [M]. 刘北成，等译. 北京：生活·读书·新知三联书店，2003：169.

与诤友对话——
幼儿园教师师德案例读本

人和执行者。这样，幼儿园教师既是制度的服从者，也是制度的生产者，和制度一起"捆着"孩子沿着时间的轨迹狼狈地向前滚动。

这样的时间制度是现代工业生产与管理模式的产物。在农业生产中，人们根据自然变化计算时间，跟着太阳的升落作息，灵活安排播种、施肥与收割活动，甚至于闲坐休息。这时的时间不同于机械时钟显示的时间，不是固定不变的时间刻度，不是统一的时间表。人们用自身的活动标志时间，而不是让活动填满每个时间段。现代工业生产让我们有幸拥有时钟，让时间变得规范统一，不会出错。接着，时钟所显示的时间不仅安排了我们的生活内容与节奏，并让我们形成了"奇怪的"态度——"现在"不重要，"过去"和"接下来"更重要。例如，无论太阳是否升起，人们固定地在七点钟起床，为"接下来"的事情做准备；如果你在阴雨天不小心睡过了七点钟，你会对着闹钟懊悔不已，因为"接下来"的麻烦会让你为"过去"的时间而痛苦。对待孩子也一样。无论你今天的心情如何，无论你是否愿意咀嚼，都要在时钟显示的时间段里完成吃饭动作；如果不能，时间管理员，也就是孩子的老师，就会因为"接下来"的麻烦而生气，继而让孩子"现在"感到恐惧或难过。

然而，看着"现在"哭泣和呕吐的幼儿，我们的幼儿园教师难道不会心软吗？当然，每一个人都有同情心。幼儿园教师也有不忍心的时候，"算了，那今天就不吃了。""可一天不吃，两天不吃，时间久了，孩子的身体就没有保障了。""而且有些孩子会钻空子，知道老师会妥协，就找各种理由逃避吃饭。"还有就是"孩子本来吃饭就慢，吃到最后饭菜都凉了。"① 所以，明明知道狼吞虎咽不好，明明知道塞饭不对，很多教师还是会不停地向幼儿下命令——"快吃！"，即便教师内心忍受着良心的折磨。

---

① 来自 2012 年夏天与三名幼儿园教师的讨论。三名幼儿园教师分别来自河南、安徽和内蒙古。

对儿童负责

在制度和良心的夹缝里，幼儿园教师到底该怎么办呢？答案其实很简单——对儿童负责。

负责，就是负起责任来。幼儿园教师的任务是："实行保育和教育相结合的原则，对幼儿实施体、智、德、美诸方面全面发展的教育，促进其身心和谐发展。"① 幼儿园教师不仅要对幼儿的当下生活和健康负责，还应当为其未来的生活、健康和发展负责。有了这个统一指向，对工作中的矛盾都可以找到解决的办法。

1. 制度应合乎伦理

在许多幼儿园教师眼里，制度是"一种一个人必须无条件接受的外部框架"，无法撼动，只能遵从。社会制度如此，幼儿园制度亦如此。要在幼儿园里工作，就只能遵从制度。在遵从之后，采用各种方式使自己相信制度"至少在现实情况下是最接近于客观公正的。"② "绝对遵从"与"不加批判的相信"是大多数幼儿园教师作为制度的约束对象所采用的态度和方式。她们

---

① 幼儿园工作规程 [Z]. 第一章，第三条。
② 康永久 . 教育制度的生成与变革——新制度教育学论纲 [M]. 北京：教育科学出版社，2003：117.

在转身向幼儿制定和推行制度时，不自觉地也要求幼儿"绝对遵从"与"不加批判的相信"。于是乎，幼儿被规训了，主体性丧失了，创造性被泯灭了。其实，这一结果发生的前提是幼儿园教师被规训了。被谁规训了？也许是自己！

人被制度约束和规定着，但制度也是人编制和规定的。制度与人之间应该是一种互相塑造的关系。我们在生活中会观察到，你越相信制度不可改变，你越不敢违反制度；你越是遵从制度，你就越相信制度不可动摇。反过来，你越是不遵从制度，你就越发现制度是可以动摇的；你越是相信制度是不牢固的，你就越敢于违反制度或改造制度。说得直白一点，制度的力量来自人的信赖和遵从；人的信赖与遵从会加强制度的力量。

我们要认识到，制度未必都是好制度。制定制度的目的在于形成生活秩序。现代社会中的好制度应当基于自由和平等进行设计，维护人们的共同利益，尤其是社会中弱势群体的利益。儿童是社会中的弱势群体。鉴于儿童身心不成熟，儿童有权享受特别照料与协助[①]，以及优先救济。幼儿园的任务就是促进幼儿全面和谐发展，所有工作都应服务于儿童的发展。因此，无论是从社会一般意义上的人道主义原则出发，还是从幼儿教育的本义来看，幼儿园里的各项制度都应优先维护儿童的利益，确立以儿童为本的价值依据。

今天，我国大多数幼儿园采用的生活作息制度算不上好制度。生活作息制度把幼儿的一日生活划分为一个一个的片段，并规定幼儿在每一个时间片段里按照规定的内容统一行动。这是"效率意识和控制意识的反映，它强化的是集体意识、整齐划一和令行禁止，不尊重幼儿的个别需要和内在的生命节奏。"[②] 很多幼儿园教师自己也对这样的制度不满意。很多次，我向幼儿园教师介绍国外的课程组织方案时，幼儿园教师都会站起来说："好归好，但

---

① 儿童权利公约 [Z].1990：序言.

② 王海英.学前教育社会学 [M].南京：江苏教育出版社，2009：223.

是与我们的时间表不匹配，你没有机会让孩子长时间地探索下去！"同样，在幼儿园教师组织教育活动时，我们常常会听到幼儿园教师说："不好意思，时间到了，还想操作的小朋友以后再找时间完成吧！"教师常常因为催促幼儿"赶场"感到疲惫和沮丧，并对"按时间完成活动"感到压力巨大。尤其，当教师看到因为自己正在执行的制度影响了幼儿正常的活动秩序和应有的学习质量时，内心会充满焦灼与不安，进而对幼儿园教育的意义产生怀疑，工作积极性与效能感都会大大受损。

2. 良心应贴向儿童

当幼儿园教师感到受良心的折磨时，那么祝贺您！您已经超越了他律道德，进入了自律道德阶段。不过，您仍需努力，您还需要从自律道德阶段向自由道德阶段迈进。个体的道德发展可以依次分为他律道德、自律道德和自由道德三个阶段。在他律道德阶段，个体依据外在要求行动，把"义务"视为头等大事，并认为规则不可改变，必须遵从制度和权威。在自律道德阶段，个体依据内在理性行动，经常诉诸"良心"，不再一味地遵从制度和权威。在自由道德阶段，个体自觉自愿地、自主地行动，将外在的社会规范和内在的理性判断统一起来，并转化为个人的情感意志，在没有功利驱使的情况下，将道德本身视为追求目标和价值的实现。[①]

良心，是人内心的道德法庭。有学者细致地界定了良心，说它是"个人对自己应尽的社会义务和社会责任的主观认同，是个人的自我意识在道德方面的表现，是个人以自律准则的形式积淀下来的道德判断力和自制力。"[②]然

---

① 参考夏湘远. 义务·良心·自由：道德需要三层次 [J]. 求索，2000（3）：83-86.
② 田克俭. 良心在道德行为中的作用及良心的形成 [J]. 道德与文明，2004（1）：29-31.

而，良心认定的到底是什么，所下的判断又是什么呢？良心只是一个抽象的形式，良心所承载的内容在左右着个体的行动，是良知和良能在发挥具体的作用。也就是说，良心发挥怎样的作用，取决于其中装的是什么样的道德规范。

幼儿园教师的良心应贴向儿童。幼儿园教师应当认识到对儿童负责是幼儿园教师的根本责任，其他责任都是由此责任衍生出来的。如若某些义务违背了这项根本责任，幼儿园教师有义务对其进行调整。这是幼儿园教师良心的基本内涵。在良心的驱动和监督下，幼儿园教师应加深体悟，认同专业责任，将教育良心升华为个人品格，自觉追求儿童利益最大化，在任何教育条件下毫不犹豫地维护儿童的权益。

拓展阅读

在制度规约下如何做到对儿童负责？浙江省特级幼儿教师朱静怡曾分享过自己的经验："许多教师说很无奈，因为上面规定的许多是对孩子不利的，但反对是没有用的。为什么没有用呢？作为教师，你也许没有权力改变这三周上面规定好我要做的事，这三个星期的主题，但他毕竟没有跟着三个星期天天看你上课。你让我上十节课，我上五节课，其它的五节课我就补充进去。许多教师认为孩子受折磨，为什么不这样想：让孩子在我手里不要受折磨呢？这辆火车到我手里能不能脱轨呢？"[①]

---

① 张玉敏. 幼儿教师职业倦怠研究 [D]. 南京师范大学硕士论文，2004：39.

让制度服务于人

与其在制度和良心的夹缝中艰难求生，幼儿园教师不如挺身而出修改制度，将对儿童负责的理念贯彻在制度中，也使自身获得自由。同时，在现有的制度框架下丰富自身的行动策略，也可以减弱制度带来的不利影响。这就如孔子所说的"从心所欲不逾矩"。

1.合并时间表

将幼儿园里条块儿分割的时间表进行合并整理，设置大的版块儿时间，这样为每一个环节和活动留出更多的弹性空间，适应幼儿的行动节奏，以及幼儿之间不同的行动节奏。例如，在常州某幼儿园中，他们对自己的时间表进行了合并（如下页表所示）。午餐和午睡时间段合并后，幼儿的午餐时间就可以有自己的"长短"之别了。事实上，如果我们把区域活动放在幼儿园早餐之后，并且将二者的时间段进行合并，也能够为幼儿争取到更加弹性的早餐时间。

某幼儿园作息时间表合并前后对比 [①]

调整前		调整后	
晨间锻炼	7:45-8:40	晨间活动	7:45-9:00
早操早点	8:40-9:00	生活活动	
教学活动	9:00-9:50	区域活动	9:00-11:00
区域活动	9:50-10:40	集体活动	
餐前活动	10:40-11:00	游戏活动	
午餐活动	11:00-11:50	午餐活动	11:00-2:20
午睡活动	11:50-2:20	午睡活动	
点心时间	2:20-3:00	点心、游戏活动	2:20-4:00
游戏活动	3:00-3:40		
户外活动	3:40-4:00		
离园活动	4:00-5:00	离园活动	4:00-5:00

拓展阅读

九、科学、合理地安排和组织一日生活。

（一）时间安排应有相对的稳定性与灵活性，既有利于形成秩序，又能满足幼儿的合理需要，照顾到个体差异。

（二）教师直接指导的活动和间接指导的活动相结合，保证幼儿每天有适当的自主选择和自由活动时间。

---

① 潘莉.幼儿园一日活动过渡环节的研究 [J].小学科学（教师论坛），2011（6）：141.

（三）尽量减少不必要的集体行动和过渡环节，减少和消除消极等待等现象。

（四）建立良好的常规，减少不必要的管理行为，逐步培养幼儿学习自我管理。

——《幼儿园教育指导纲要（试行）》（第三部分　教育活动的组织与实施）

2. 弱化集体一致的要求

集体一致的要求是造成幼儿园里拥挤和匆忙的原因之一。例如，一起早操，一起吃饭，一起听一个故事……追求集体一致，就需要统一幼儿的行动节奏。这会给行动快的幼儿带来许多等待和时间的浪费，会给行动慢的幼儿造成紧张和恐慌，致使教师忙乱和烦躁。事实上，很多集体一致的要求都是不必要的。这些要求体现出的是大工厂生产线的标准化工作模式，而不是教育应有的园林工作模式。幼儿如同花园里的花草树木，各有自己的时节和内在生长规律。教师的作用在于顺应幼儿的生长规律，给其营造宽松的生长环境，提供适时的人工帮助。

在自己的班级中，幼儿园教师一定要尽可能地弱化集体一致的要求。首先，幼儿园教师要减少集体活动，更多地采用低结构化活动安排方式，例如进行区域活动、小组活动或者个人活动时，遵照幼儿的活动和发展逻辑来开展教育教学活动。其次，幼儿园教师要适当延长过渡环节的时间，给予幼儿更多松散的时间来自主调节行动节奏与安排内容。这样保证幼儿在心理上有连贯流畅的行动感，能较长时间专注地做一件事。第三，幼儿园教师要允许幼儿之间有表现差异，所提出的活动要求也要适应幼儿之间的差异性表现。例如，允许对活动不感兴趣的幼儿，在不打扰他人的情况下，开展其他活动；在操作时，为幼儿设计不同难度或形式的操作任务，给幼儿自主选择的机会；允许幼儿在不同的时间点上结束活动；等等。

3. 丰富教育策略

在必须提醒幼儿时间、督促幼儿完成任务的情况下，教师应该有除了简单命令以外更人性化的策略。例如，用眼神、语言和陪伴鼓励幼儿；把任务分解，引导幼儿一步一步地完成任务，降低任务难度；等等。与口头生硬的催促相比，这些策略能帮助幼儿在内心建立自主的行动调整意识和任务完成意识，并且有助于幼儿获得心理安全与建立自信。

幼儿园教师要丰富自己的教育策略，方法有哪些呢？首先，自己在教育实践中要多摸索；其次，要多观摩和分析其他优秀教师的教育实践；最后，更重要的，自己要有寻求更优的教育策略的意识。我们常常说，没有教不好的孩子，只有不会教的老师。虽然这句话说得有点过头，但是也能够提醒我们：当我们在教育实践中遇到困难时，首先要反思自己的策略是否出了问题。面对不同的孩子，我们要多储备教育策略，能够随时调整教育策略，寻求最有效的办法。例如，孩子不爱喝水，我们常常为如何让他们喝水而发愁。一次到幼儿园观摩，我从一位老师身上学到了一个小策略——老师蹲在孩子旁边，竖起一只手在耳朵边，小声说："来，让我听听咕咚声！"孩子果真"咕咚"来了一口。就像这样，富有游戏趣味的、有效的教育策略，既让幼儿受益，又让教师感觉轻松，更重要的，其中表现出了教育的艺术化一面。

身边的榜样

　　杜老师是今年刚刚工作的新老师。工作不久，杜老师就发现吃饭是班上每天都在上演的"战争"。为了按时把餐具送回厨房，结束就餐工作，保育员老师每天都催孩子快吃，还往孩子嘴里塞饭。看着那些被塞到吐的孩子，杜老师心疼不已。尽管朋友都劝杜老师忍一忍，新来乍到，不要干涉保育员的工作，以免招致他人排挤，但是，杜老师今天决定不忍了——

　　萌萌今天又吃不动了，保育员老师端起萌萌的碗又准备往萌萌嘴里塞。杜老师上前一步叫住了保育员老师："李老师，我现在有时间，要不我来喂萌萌？"有人分担当然好，保育员老师将碗递给了杜老师。

　　"萌萌，你是不是觉得这碗饭太多了，所以就不想吃了？"杜老师端着碗耐心地询问萌萌。瘦小的萌萌认真地点了点头。"那这样，杜老师把这一大碗给你变成一小碗，你再来吃，好不好？"说着，杜老师将萌萌碗里的饭拨了一半出去。"看，一下子就变少了，杜老师相信萌萌现在一定能吃完了，对吧？"萌萌高兴地拿起勺子吃了起来。

　　小试成功之后，杜老师决定与保育员沟通，解救更多的孩子："李老师，以后吃饭的时候我来帮您组织孩子，好吗？这样您可以少劳动一点，就负责接送饭菜就好了。"

　　……

从这天开始，杜老师给自己加了一项工作任务——做每天孩子吃饭时间的"服务员"。

"萌萌，这是你的！看，就这么一点，你肯定能吃完，对吧？"杜老师特意给萌萌的碗里少盛了一半，减少萌萌的压力。一会儿工夫，萌萌就吃完了，得意地跟杜老师请功："老师，今天我第一。""对，今天萌萌第一个吃完。萌萌是一个吃饭很快的孩子。那萌萌要不要等等大家呢？老师再给你盛一点，看你能不能吃完第二碗。""好的！"自信心建立起来的萌萌爽快地表态。杜老师在萌萌的碗里只添了四分之一的量。

很快，萌萌又吃完了："老师，我吃完第二碗了！""哇，萌萌是一个吃饭又快又好的孩子。那今天就这样了，明天我们再挑战第三碗，好吗？""好的！"萌萌似乎一下子变得又高又壮了。

就这样，每天萌萌都有新目标，第三碗、第四碗……

没多久，萌萌真的吃胖了。

……

不仅是萌萌，班上还有很多小朋友享受到了杜老师的"优质"服务。

专题四 "别动!"————
————幼儿园教师的正直

别动!

　　户外游戏时间到了，孩子们兴奋地来到了户外活动场地。

　　壮壮最积极，第一个爬上了滑梯。"别动!"夏老师大声吆喝壮壮，"不许玩滑梯! 上周中一班的一个小朋友刚从上面摔了下来，现在还在医院里呢!"壮壮蔫蔫地走下了滑梯。

　　"我骑!""我骑!"雪儿和梦怡两个人为一辆脚蹬车争了起来。就在两人争抢的过程中，脚蹬车差点碾过雪儿的脚。"别动!"夏老师急声向她们吆喝。"啊——!"正在争抢的两个人同时哭了起来。"哭什么呀，谁让你们抢呢! 谁都别玩了，今天所有的小朋友都不准骑车了!"想想刚才的惊险，夏老师向所有孩子下达了死命令。

　　"夏老师，那今天玩什么呀?"樊路西很认真地向夏老师询问。"你们可以玩球呀! 一人一个球，拍着玩吧! 不准抢来抢去的!"夏老师环顾周围的游戏设施与材料，给所有孩子规定了游戏内容和玩法。

　　可是，一会儿的工夫，夏老师就发现樊路西和壮壮两个人跑着追逐起来。夏老师的心又被揪了起来："你们俩过来! 不准追来追去的，怎么不玩球呀?""没意思!"樊路西很直接地回答了夏老师。"那什么有意思呀! 你们俩坐在这儿，别动了!"夏老师安排两个人坐在自己旁边的长椅上。

　　看看孩子们安安静静地一个一个地拍球，再看看樊路西和壮壮愣愣地坐着，夏老师突然也觉得："是啊! 真没意思! 可是有危险了怎么办呢?"

安全和纪律绑架了儿童的活动自由

1. 安全责任压迫着教师

为什么不准孩子们"动"呢？因为幼儿园里极容易发生安全事故，并且幼儿园教师要承担很大的事故责任。幼儿园安全事故可以分为一般事故、责任事故和重大责任事故。

（1）一般事故：由于儿童缺乏自身保护能力或受客观因素和条件所限等原因而发生的擦伤、划伤、骨折、跌伤、脱臼、吞入异物等。

（2）责任事故：由于幼儿园工作人员责任心不强，擅自离岗、不执行安全制度而发生的服错药、颅骨骨折、食物中毒、高处坠落、触电、体罚、走失或冒领等，经积极采取措施未造成重大伤害的为责任事故。

（3）重大责任事故：导致儿童死亡、残疾、重要组织器官损伤或增加儿童严重痛苦的事故。[①]

其中，最为常见和多发的是一般事故。幼儿好奇、好动、好探索，其认知和行为能力又有限，在游戏和日常生活中经常会伤到自己或他人。用一些幼儿园教师的话说，孩子们是"一刻不得闲"，"坐着不动都有可能磕着自己"。

---

① 李俊祺. 幼儿园安全事故分析与完善安全预防对策研究 [D]. 东北师范大学硕士论文，2008：4-5.

2005 年，教育部基础教育司组织专家调查发现，"幼儿园安全事故隐患较多。近年发生范围较广、频度较高的安全事故为：同伴咬伤、打伤，坠落、摔伤、跌伤、烫伤、烧伤，运动器械致伤，尖锐物品戳伤等。较容易发生安全事故的活动和环节依次为：与同伴自由活动，室外体育活动，上下楼梯，与同伴做游戏，幼儿园组织的集体外出活动等。幼儿园在设备设施方面存在的安全隐患主要是：出口少并狭窄，缺乏必备安全设备（如消防器材等），电器设备与线路老化，建筑物中的门窗和栏杆不坚固，危房等。"[①]

通常，一旦发生安全事故，不管属于哪类事故，幼儿园教师是否在其中负有责任都脱不了干系。依据事故本身的严重程度和幼儿家长对伤害的认识情况，幼儿园教师需要承担的责任由轻到重可能是送幼儿治疗、登门道歉、经济赔偿、园内处分、开除职务，甚至法律制裁。因为独生子女造成的压力和现代人际关系的紧张，当下的幼儿家长对幼儿所受的伤害往往会表现出"过度的"恐惧和担忧。一旦幼儿在幼儿园里发生事故，即便是微不足道的自己跌倒，一部分家长都有可能迁怒于幼儿园教师，使幼儿园教师承受"不能承受之重"。这进而使得教师与幼儿家庭之间的关系更加紧张，幼儿园教师普遍陷入每日"提心吊胆"的工作状态，在教育上不敢作为。甚至，一些幼儿园教师采用各种手段和策略来控制幼儿，将保证幼儿"每天不磕碰"作为主要的工作目标，以求自己的安全。

[①] 参考董晨，李小伟. 学生活动时段易发生安全问题 [N]. 中国教育报，2005-11-25.

2. 教师用纪律控制幼儿的自由

"别动!""不许说话!""不许看别的地方!"……这些都是纪律。纪律,即幼儿园教师所使用的各种控制幼儿行为的手段和策略。纪律不仅发生在户外游戏时,还存在于幼儿园里的每一刻和每一个角落。甚至,幼儿园里设有专门的常规教育,帮助幼儿一进入幼儿园就接受各种各样的纪律约束,直到被训练成"遵守纪律的孩子"。

纪律,是不是必要的呢?当然,任何集体或团体生活中都需要纪律来形成一定的秩序,以维护所有成员的公共利益。对正处于成长过程中的儿童来讲,纪律不仅是他们现实生活的需要,还是其道德形成与发展的需要。外在的纪律通过个人内化形成个体的道德认识,表现为个体的道德品质。从道德发展的过程来看,学龄前儿童正处于道德他律阶段,缺少内在的道德认识与判断,他们更多地需要外在的规则来指导自己的行为。并且,在幼儿园里,幼儿之间极容易因争抢玩具或物品而发生冲突。因此,用纪律去约束显得格外重要。

可问题是,在纪律的约束下,幼儿会觉得"没意思",甚至教师也觉得"没意思"。这是为什么呢?

第一,纪律太多了。外在纪律过多,就会抑制个体的内在活动意愿。这时,纪律不再是人们共同活动的需要,而变成了每个人活动的负担与桎梏。幼儿园教师常常一天当中不断地向幼儿宣布各种纪律。纪律的数量和发布频率都已经超过了幼儿的注意限度和可接受限度。

第二,纪律不是大家的纪律,而是教师的"命令"。幼儿园里的纪律基本上都是由成人制定的。教师在向幼儿提出纪律要求时,通常是一种"高高在上"的"控制者"形象。我们习惯于简单地向幼儿发布"命令",却不解释"命令"背后的纪律要求,以及纪律成立的理由与价值。在幼儿对教师为何如此要求不理解的情况下,他们从教师的"命令"中感受到的就是"强迫",这是对自由的戕杀。

现实的情况就是,幼儿园教师的纪律不仅一次次控制住了幼儿的活动自由,还残忍地一点点消磨了幼儿追求自由的意志。自由,是个体身心健康的保障,尤其是个体精神世界存在的前提。而幼儿所说的"没意思"正是他们内在精神萎靡不振的外在表现。所以,有学者直言,"幼儿园的'规矩'只是教给了幼儿自制与忍受、迎合与伪装、迂回与讨价还价、懂规矩守规矩与顶撞规矩"[①]。

---

① 郑三元.幼儿园班级制度化生活的特征及反思 [J].学前教育研究,2001(1):17-19.

正直执教

1.重视儿童的自由

我们认为，幼儿园教师害怕安全事故，可以理解；但是，儿童需要安全，也渴望自由，这需要我们看见。

首先，幼儿园教师应当认识到，儿童自由并不等于遭遇伤害和事故，儿童拥有一定的自主能力。自由，是身体自由与心理自由的统一。儿童对周围世界的认识是从身体运动和直观感知开始的。在认识周围世界的过程中，他们也在学习如何掌控周围的世界。当然，儿童也有掌控不好外部世界惨遭伤害的时候，可成人是不是也曾被周围的生活事物伤害过呢？是的，儿童更容易受到伤害。这不是因为他们有了和成人一样的自由，而是因为他们的认识和行动能力有不及成人的时候，这点和成人也是一样的。安全和活动之间并不构成必然的矛盾。

其次，好的教育是自由的教育，其中潜藏着风险与机遇。自由，即不受压迫、奴役和强制的存在状态；即基于自我的主动意志，而非外部力量，作出决定与选择；即在无害他人的前提下，行为不受阻碍；等等。没有自由意志和自由活动，人就不算真正意义上的存在，教育也就失去了存在的前提基础。教育说到底是教师与儿童之间的精神交往活动，是一项道德实践活动。

精神和道德的本质都是自由。教师和儿童都需要自由。好的教育是自由的教育，教师和儿童都在其中充分享受自己的自由，并通过自由的交往获得各自的成长。教师不仅尊重儿童的自由，还设法为儿童设计更充分的自由活动。如果教师用自己的"自由"控制了幼儿的"自由"，那么教师对待幼儿的方式就违背了教育的前提条件，并且有失道德。正如日本学者小原国芳指出的那样："不使发生任何错误与过失的教育是安全的教育，但这种教育决不是一种好的教育。"[①]

再次，教师的责任不是限制儿童的自由，而是在儿童自由活动的过程中帮助儿童认识到可能的风险，并协助儿童避免风险。教育要培养德智体美全面发展的自由人。个体是在与周围环境的互动过程中认识和了解世界，并发展自己的各项能力的。教育必须且只能通过个体的自由活动来促进个体各方面的发展。"如果活动中没有一定的冒险性，儿童就无法真正积累相关的具体经验教训，也就无法真正形成回避危险的意识和能力。"[②] 针对幼儿行为能力不足的情况，教师应当在个体的自由活动中，和幼儿一起分析行为的逻辑，使其认识到行为可能产生的后果，进而引导其自主地做出行为选择。从个体兼有利己本性和同情心出发，我们相信幼儿不会在已知的情况下有意地伤害自己和他人。同时，教师的一次引导不仅能够帮助幼儿化解一次行为中的危机，还能够帮助幼儿提升自我分析问题和解决问题的能力，以及自我保护的能力。这样做的教育效益远远大于简单限制幼儿活动自由的做法。

---

① ［日］小原国芳 . 小原国芳教育论著选（上卷）[M]. 由其民，等译 . 北京：人民教育出版社，1993：281.

② 许卓娅 . 怎样的安全才是合适的安全 [J]. 山东教育，2003（6）：20-23.

2. 做正直的教师

在任何情况下，我们不需要任何理由，都应当坚持不为了个人利益而去损害他人的利益，这就是正直。正直，是不畏强势、压力、风险与危险，敢作敢为，能够坚持正义，并且敢于承认错误。正直，离不开勇敢。勇敢又是什么呢？"一个人在危险面前坚定不移，保持快乐，至少无所惧怕，这就是勇敢。"① 如所有的德性一样，勇敢是一种中庸状态，处于鲁莽和怯懦中间，在恐惧和自信之间。对大多数幼儿园教师来讲，"和勇敢相对立的，不是作为过度的鲁莽，而是作为不足的怯懦。"② 如何才能勇敢一些，就需要我们幼儿园教师建立起更多的自信，克服怯懦。莎士比亚曾这样描述正直：一个问心无愧的人，犹如穿着护胸甲，是绝对安全的，他理直气壮，好比是披重盔甲；那种理不直，气不壮，丧失天良的人，即使穿上钢盔钢甲，也如同赤身裸体一般。③ 我们中国人永不忘那句"人生自古谁无死，留取丹心照汗青。"这是对正直最形象直观的解读了。

正直的幼儿园教师自当自觉地维护幼儿的利益。幼儿园教师在安全、纪律和儿童的活动自由之间进行选择，内心事实上经历着利他动机与利己动机之间的对抗。用纪律捆绑住儿童，说到底是为了教师自身的安全；支持儿童的自由，则是为儿童的利益做出的选择。对于任何人来讲，利他和利己动机之间的矛盾都是对个人道德修养的严酷考验。

———————————

① ［古希腊］亚里士多德.尼各马可伦理学 [M].苗力田，译.北京：中国人民大学出版社，2003：28.
② 同上：39.
③ 李彩英.正直品性的解说 [J].教育艺术，1995（3）：18-19.

一个 11 岁的男孩儿很喜欢打篮球，他加入了一个由同龄伙伴组成的球队。在一次比赛开赛之前，球队里的伙伴们把他挤在墙角，表示希望他离开，因为他的技术太差。

后来，他又加入了一个球队，他的技术还是那么差，但是球队里的伙伴们没有赶他，而是拿出专门的时间一起来训练他的球技。事实上，与自己年龄相仿的小教练们缺乏训练技术，但他们常常在比赛上出糗之后抱在一起欢笑。

后来，这名男孩儿成为了世界著名的球星。当记者问他："你的成功得益于什么？"他回答："感谢我有生以来加入的第二个球队的伙伴们的正直！"

如果我们正直，我们就会发现，安全、纪律和儿童的活动自由其实并不必然矛盾。"纪律与自由不是非此即彼的关系，它们相互依存，相互作用，纪律需通过自由而获得，同时又是自由的保障。"① 自由不仅是纪律的前提和目的，也是纪律的最高境界。真正的纪律源自于活动自身的发展需要，体现着人的自由意志的自觉需要，有助于人与人之间主体间性的弘扬。"当一个人是自己的主人，在需要遵从某些生活准则的时候，他能够节制自己的行为，我们就可称他是守纪律的人。"② 假若一个人都不能自由地行动，那他也不需要纪律。只有那些来自外部强加控制的非人性化的纪律才在消磨人的自由意志。教师行动的重点在于如何制定和使用真正的纪律。

---

① 叶平枝. 关于纪律与自由的理性思考 [J]. 早期教育，2002（9）：14-17.
② ［意］蒙台梭利. 蒙台梭利幼儿教育科学方法 [M]. 任代文，译. 北京：人民教育出版社，2001：112.

用纪律支持自由

　　幼儿园里需要纪律，但纪律的制定和使用需要一个合适的度。在安全、纪律和幼儿的活动自由之间，幼儿园教师要达到一种平衡，不能因安全让纪律过度妨碍幼儿的身心自由，限制幼儿的发展。我们应当用纪律支持幼儿的自由，给予幼儿更安全的自由活动空间。

　　第一步，正确理解纪律的实质。首先，纪律应当作为"自由的限度"来使用。即在个体的自由行为妨碍他人利益的情况下，纪律才有必要发挥作用去进行约束和调节。对于那些对他人无妨的活动，纪律无需干预。纪律不是来自活动外部的"不许动"，而是人们在共同活动过程中积极主动探索出来的活动秩序。秩序有助于所有参与活动的人感受到活动的愉悦与收获。当"所有的孩子在一个房间里忙来忙去地进行有益的、运用智力的、自觉的活动，而没有粗野的举动。我认为这样的房间才是一个真正有良好纪律的教室。"①

　　第二步，用正确的方式制定纪律。纪律应当是经集体成员共同商议后形成的，以保证集体活动秩序和所有成员的共同利益的行为规则。教师的重要作用在于帮助幼儿开启有意义和有趣味的活动，并在参与幼儿活动的过程中

---

① ［意］蒙台梭利 . 蒙台梭利幼儿教育科学方法 [M]. 任代文，译 . 北京：人民教育出版社，2001：117.

引导幼儿形成活动秩序。即幼儿应当成为纪律的制定主体，在活动过程中与教师共同探索秩序的必要性与具体内容。

第三步，用适宜的方式执行纪律。纪律应当作为"预防机制"来使用。即在可预见的"秩序混乱状态"之前商议和制定纪律，用以提醒所有的活动参与者注意自由的限度，以及如何避免妨碍他人，而不是等错误发生之后简单地用纪律来惩罚那些有意或无意冒犯他人的人。在活动之前，纪律应当成为所有孩子的自觉意识，而不是教师一人的意识。

同时，为了保证孩子的安全，基于幼儿园安全事故多发的现象，我们建议正直的幼儿园教师在制定和使用纪律之外，还要做好相关的工作——

1. 加强幼儿的自我保护教育

面向幼儿的自我保护教育一定要预先进行，并在真实的生活中来开展。在幼儿园中，除了专门的安全教育活动以外，教师要随时随地向幼儿解释危险的来源，提醒可能的危险，并向幼儿示范和强调如何避免危险，加强幼儿的自我保护意识。

针对幼儿园中事故频发的场合，我们建议：（1）在游戏活动开始之前，教师要首先强调游戏规则，并解释规则的必要性。例如，"为了防止摔伤，请小朋友不要随意追跑。""玩玩具时，要排着队一个一个来，避免争抢碰伤。"（2）在过渡环节，教师要安排适宜的活动内容，防止幼儿在无所事事的情况下"胡来"。例如，在排队等候时插入手指游戏，在等候开饭时开展谈话活动，等等。（3）在上下楼梯和外出参观时，教师要请幼儿排队出行，提前向幼儿强调出行纪律，增加人手保护幼儿。例如，幼儿应当靠右侧行走，不能推挤，不能掉队；在幼儿队伍首尾和中间都派教师监督和保护；其至，可以请幼儿共同演唱儿歌出行，以防止幼儿无聊。

2. 保证幼儿园环境和设施安全

由幼儿园环境和设施中的安全隐患引起幼儿受伤的各种情况完全可以通过提前发现与改正来避免。首先，幼儿园建筑环境要达标。幼儿园要远离医院、垃圾回收站等有污染的场所，并远离高速路等危险干道。建筑质量要符合国家住房建设委员会和教育部联合制定的《幼儿园建筑设计规范》的要求。对于幼儿园建筑环境是否达标，幼儿园教师很难干预，但是幼儿园教师可以提请教育行政部门进行督查，并拒绝在不达标的幼儿园工作。

其次，幼儿园的玩教具要安全。幼儿园的各项玩教具要符合教育部制定的《幼儿园玩教具配备标准》的要求，做到没有安全隐患，并定期对各项玩教具进行检查和维护，防止意外事故的发生。尤其，由于日晒雨淋，对幼儿园户外玩具设施一定要经常检查和维护，并及时更新。

第三，幼儿园环境布置要考虑安全因素。活动室里的桌椅摆放要考虑幼儿的活动需要，避免对幼儿的活动产生干扰，进而引发事故。剪刀一类的危险品要明确使用规则，并严格监督幼儿的使用方式，防止幼儿伤到自己或同伴。插座等电器类物品的放置要考虑幼儿的活动能力，防止幼儿触摸。

3. 教师的情绪要保持稳定

教师的情绪要保持稳定，在日常生活和教育活动中给幼儿安全感。尤其，在遇到危险或事故时，教师要冷静对待，不能情绪激动。过激的情绪不仅不利于教师引导幼儿正确地应对危险和处理事故，反倒会吓到幼儿，造成幼儿情绪恐慌，进而很容易造成新的安全问题。

总之，教师要充分认识到自由的可贵，用正确的纪律来支持儿童的自由。同时，为了避免安全事故，教师要切实做好安全教育与保障工作，并通过自身的情绪向儿童传递安全感。

拓展阅读

我国《学生伤害事故处理办法》中规定——

第九条 因下列情形之一造成的学生伤害事故，学校应当依法承担相应的责任：

（一）学校的校舍、场地、其他公共设施，以及学校提供给学生使用的学具、教育教学和生活设施、设备不符合国家规定的标准，或者有明显不安全因素的；

（二）学校的安全保卫、消防、设施设备管理等安全管理制度有明显疏漏，或者管理混乱，存在重大安全隐患，而未及时采取措施的；

（三）学校向学生提供的药品、食品、饮用水等不符合国家或者行业的有关标准、要求的；

（四）学校组织学生参加教育教学活动或者校外活动，未对学生进行相应的安全教育，并未在可预见的范围内采取必要的安全措施的；

（五）学校知道教师或者其他工作人员患有不适宜担任教育教学工作的疾病，但未采取必要措施的；

（六）学校违反有关规定，组织或者安排未成年学生从事不宜未成年人参加的劳动、体育运动或者其他活动的；

（七）学生有特异体质或者特定疾病，不宜参加某种教育教学活动，学校知道或者应当知道，但未予以必要的注意的；

（八）学生在校期间突发疾病或者受到伤害，学校发现，但未根据实际情况及时采取相应措施，导致不良后果加重的；

（九）学校教师或者其他工作人员体罚或者变相体罚学生，或者在履行职责过程中违反工作要求、操作规程、职业道德或者其他有关规定的；

（十）学校教师或者其他工作人员在负有组织、管理未成年学生的职责期间，发现学生行为具有危险性，但未进行必要的管理、告诫或者制止的；

（十一）对未成年学生擅自离校等与学生人身安全直接相关的信息，学校发现或者知道，但未及时告知未成年学生的监护人，导致未成年学生因脱离监护人的保护而发生伤害的；

（十二）学校有未依法履行职责的其他情形的。

第十二条　因下列情形之一造成的学生伤害事故，学校已履行了相应职责，行为并无不当的，无法律责任：

（一）地震、雷击、台风、洪水等不可抗的自然因素造成的；

（二）来自学校外部的突发性、偶发性侵害造成的；

（三）学生有特异体质、特定疾病或者异常心理状态，学校不知道或者难于知道的；

（四）学生自杀、自伤的；

（五）在对抗性或者具有风险性的体育竞赛活动中发生意外伤害的；

（六）其他意外因素造成的。

与诤友对话——
幼儿园教师师德案例读本

身边的榜样

　　一天，我为课题需要到某实验幼儿园交流座谈，意外地发现了一个现象——午饭后，孩子们在大型体育器械上玩耍，周围竟然没有一名教师。各班的教师和保育员都正在活动室里为幼儿做午睡准备。

　　与该幼儿园教研小组座谈时，我忍不住询问了有关幼儿安全的问题。一名教师竟笑着说："我们相信，我们幼儿园里的小朋友知道应该怎样保护自己和避免伤害他人！""这话听起来是好，但是不是有些过于理想化了呢？孩子毕竟有行为能力不足的问题。"我忍不住表达了自己的猜疑。

　　这时，该幼儿园的教研组长接过话茬进行了全面介绍："首先，我们认为，我们必须信任孩子。我们教师有了这份自信，才能给孩子充分的活动自由和足够的发展机会。其次，我们的这份自信确实不能靠自己的理想化想象得来，而是要靠教师的高度负责和对自己的严格要求。在我们幼儿园里，我们十分重视安全防护工作与安全教育工作，要求全体教职工对幼儿在幼儿园里可能遇到的各种风险进行提前预防与控制。就以今天中午您看到的户外活动的情况来看，我们不是随意地让孩子在那里玩的。第一，我们的户外大型器械的安全是有保障的。几乎每天幼儿园都会有专门的人检查和维护大型器械，保障器械安全。我们还对幼儿使用大型器械的方式进行过跟踪观察，在幼儿容易碰着磕着的地方都做了改造与危险提示。比如，给粘上一块软垫子，贴上一个危险提示标识等。第二，我们对幼儿使用户外大型器械的安全做足了保障工作。看似孩子都很自由地在玩，教师没有在旁边给孩子提要求和做辅助，但其实在日常的安全教育里，我们都引导孩子自我调整与互相帮助。比如，要注意观察游戏环境，如果一个玩具周围的人过多，就换一个场地玩；要排队轮流玩，要积极地用语言协商游戏玩法，在别人需要帮助的时候用适当的方式来提供帮助；等等。而且，您看到户外活动场地上没有老师，不知道您注意了没有，我们的门卫是在门卫室外观察着整个户外活动场地的。如果遇到突发事件，门卫会第一时间给老师发出警报的。这样，我们的老师其实不是偷懒和不负责，而是用一种对孩子长远发展和健康更负责的方式来负责，并且幼儿园里的每一个人都在负责。"

听了教研组长的一番介绍，我不由地对这所幼儿园里的每一个人心生敬意，确实，他们在用一种更负责的方式勇敢地支持着幼儿的自由。

专题五 今天提问谁？

——幼儿园教师的公正

今天提问谁?

　　又要教学检查了,今天园长指定要看配班教师陈老师的教学活动。陈老师刚工作半个学期,班长李老师挺紧张的,真担心陈老师出什么岔子,影响了整个班级在园长心目中的形象。于是,李老师在活动开始前抓紧时间对陈老师进行"培训"——

　　"你今天准备提问谁?"李老师小声地问陈老师。

　　"没想过!看谁举手就提问谁吧!"陈老师怯怯地回应。

　　"错!一定要提前想提问谁能给你出彩,提问谁会给你捣乱。记住了。不要提问达达,就是他举手也不要提问他。你要是让他回答问题,他指不定给你带到哪儿去呢。那孩子的思维太跳跃,说不定,他还会反过来问你问题。我平时上课从来不让他站起来回答问题。还有,你可以多提问姗姗,小女孩儿乖巧、聪明,基本上你想要什么,她就能说出来什么。平时,我都第一个让她回答问题,说给其他孩子听。哦,还有贝贝、川川和思思,都是语言表达能力不错的孩子,平时也经常回答问题,让他们回答问题保证能让你出彩。再说一遍,千万别提问达达。对了,还有北北和炯炯,这两个孩子语言表达能力不行,光卡壳,你也少提问为好。"听着李老师的介绍,陈老师一愣一愣的,心中充满了感激。

　　上课了,陈老师按照李老师的"提点",提问的对象就确定在了姗姗、贝贝、川川和思思几个孩子身上。一轮问题，又一轮问题……不按章出牌的达达"发牌"了，"陈老师，你没看见我举手了吗？我一直在举手，你怎么不叫我呢？"陈老师一下子怔住了，脸涨得通红，不知道如何是好——她总不能说"孩子，我们设计好的，不提问你。"这时，火上浇油的事情发生了，其他一些孩子也跟着喊起来，"也不提问我！""老师从来都不叫我回答问题！""我也想回答问题！"

尴尬失控的局面下，园长站了出来："对，我也看见很多小朋友举手了，达达一直在举手，那这个问题先请达达来回答，后边再请老师提问没有回答过问题的小朋友。大家坐好听老师会提出什么样的问题，好吗？"

孩子们安静下来，达达开始发表自己的见解……达达具体说了什么不记得了，但他当时的回答很精彩，因为那不是老师设计好的标准答案。

为什么不提问我？

　　有意地提问或不提问个别幼儿，这一般是在观摩教学中教师才会使用的"花招"。但是，有意或者无意地提问某些幼儿多一些，致使另一些幼儿回答的机会少一些，这在幼儿园日常教学中是非常常见的。研究发现，在一次集体教学活动中，有些幼儿能够获得 5 ～ 6 次回答问题的机会，而 30% 以上的幼儿一次机会也没有。① 通常，教师提问最多的是发展水平较好的幼儿，中等水平的幼儿次之，发展较缓慢的幼儿最少。有研究者讽刺，这是一个"少数人表演，多数人陪坐"② 的课堂。教师提问机会分配不均，就是不公平，是教育机会不公平的表现之一。

　　也许，从教师的立场来看，"提问—回答"只是一种教育策略与手段，目的在于吸引所有幼儿的注意力，调动幼儿的积极性，检查幼儿对所学内容的理解等。甚至，这只是一种没有目的的言语互动方式，至多体现了幼儿的主体性而已。

　　但是，在幼儿的眼中，能够有机会回答教师的提问是一份荣耀。它代表着教师对幼儿的"爱"，以及幼儿在整个班级同伴群体中的地位。同时，从教育受益的角度分析，对教师的提问积极思考并给以回答，是幼儿进行经验

---

① 杨莉君，康丹．对幼儿园集体教学活动中教师提问的观察研究 [J]．学前教育研究，2007（2）：22-26.
② 穆凤良．课堂对话和提问策略 [J]．教育理论与实践，2000（11）：33-36.

加工和自我表达的过程，是幼儿对内部经验重组与提升的过程。可以说，每一次回答教师的提问，都是幼儿学习与进步的机会。所以说，教师提问谁是在分配学习机会，这必然关乎教育公平。当教师的分配不公平时，幼儿自然会问"为什么不提问我？"

　　教师，作为幼儿教育活动的组织者和实施者，掌握着大量教育资源与教育机会的分配，制定和维护着幼儿生活中的各项分配与选拔制度。除了提问以外，教师在幼儿园一日生活中确定值日生，指定小组长，分配食物，确立行为秩序等；在幼儿游戏和学习过程中给幼儿分配玩具、活动区角、学习材料等；在处理幼儿同伴冲突时提出争议处理标准……这些环节和活动事实上都是在提出和依据一定的标准在幼儿群体之间分配资源或机会，都涉及公平问题。稍有不慎，教师的行为就会让幼儿感到不公！

公平对待每一个儿童

公平，是我们对他人行为产生的理当如此的感受，即每个人得到其应所得。每一名社会成员都希望得到自己所应得的，也希望他人如此对待自己。所以，人们共同追求公平，将公平作为一种价值目标和社会理想。并且，人们不约而同地用公平来约束自身和他人的行为，考察我们所共同生活的社会。苏格拉底、柏拉图和亚里士多德等著名哲学家还认为，公平是人的一种美德。公平有两个层面的要求：（1）平等，即在相同条件下平等对待；（2）差异，即在不同条件下有区别地对待。最终，公平要求每个人的所得与应得比例相当。

在世界各国，教育公平都是社会公平的焦点。这是因为教育是社会发展的基石，是社会成员流动或上升的主要机制。对每一名社会个体来说，能否接受教育，以及接受何种教育，明显地影响着个人的命运与生活质量。同时，社会公平是教育的追求与理想。教育存在的价值意义之一就是推动社会趋于更加公平。所以，在教育问题中，社会公众和教育工作者都十分关注公平问题。

教育公平的核心追求就是教育机会均等。美国学者科尔曼在《教育机会均等的观念》（1968年）中提出了教育机会均等的四项内容：（1）进入教育系统的机会均等；（2）参与教育的机会均等；（3）教育结果均等；（4）教育对生活前景机会的影响均等。① 这四项内容是教育公平依次追求的四个境界。今天，在中国，对教育过程中幼儿学习机会和学习质量的关注早已成为了广大幼儿家庭关心的焦点。也就是说，教育过程中的机会均等问题成为了每一个幼儿家庭更为关心的教育公平议题。

拓展阅读

　　美国学者科尔曼的《关于教育机会平等性的报告》被公认为是20 世纪社会问题研究的最重要的报告之一。② 詹姆斯·科尔曼 (James Coleman) 是约翰·霍普金斯大学的社会学家。1964 年，美国民权法案 (Civil Rights Act) 授权教育部长实施一个调查，旨在掌握"美国公立教育机构是否缺乏向不同种族、肤色、宗教或祖籍的个体提供均等教育机会的能力"。科尔曼受命做这项研究。当时他面临的第一个问题就是界定什么是教育机会均等。他的界定是从"投入"和"产出"两个方面来的。他不是简单地去看学校投入、设备设施、师资水平，而是在教育投入与产出之间进行综合分析。在科尔曼看来，学校不仅仅应该提供均等的教育资源，还应该使学生免于遭受出身和社会环境而带来的不平等。科尔曼领衔的调查组收集了美国 4000 所学校的 64 万个学生的数据，③ 最终完成了调查报告。

---

① 靳淑梅. 教育公平视角下美国多元文化的研究 [D]. 东北师范大学博士论文，2009：17.

② 童大焕. 从"北师大报告"说到"科尔曼报告" [J]. 世界教育信息，2005（7）：54-55.

③ 王艳玲. 教育公平与教师责任：《科尔曼报告》的启示——美国宾西法尼亚州立大学庞雪玲教授访谈 [J]. 全球教育展望，2013（4）：3-9.

在教育过程中，教师是实施教育公平的主体，应该在促进教育公平方面发挥重要作用。每一位儿童都享有受教育的权利，以及在教育过程中获得尊重和平等对待的权利。教师对儿童的公正，不仅影响着儿童当下学习过程中的感受和积极性，而且对儿童自身公正品德的形成有着示范性影响，甚至对儿童的整体人生观和世界观都有着至关重要的影响。苏霍姆林斯基曾指出："生活使人们确信，如果幼小的孩子得不到机会恢复对善良和公正的信念，他永远也不可能在自身产生人的感觉，永远也不可能体验到个人尊严的情感。这样的被教育者进入青少年期会变成怨恨一切的人。对他来说，生活中不存在任何神圣和高尚的东西"[①]。

幼儿教师应当公平地对待每一位儿童。教育的目的就在于促使儿童富有个性的全面发展，使所有儿童的潜能得到最大程度的实现。幼儿教师在教育过程中应给予每位儿童适切、均等的对待，给他们公平的发展机会，使他们各自的潜能得到充分的实现。教者必以正。教师要做到公平，就意味着要有足够的精神力量去关心每一个儿童。在关心的前提下，用适宜的方式回应每一个儿童的需要。

在幼儿园教师面对多名幼儿或处理幼儿个体之间的关系时，幼儿园教师的行为就会给幼儿留下公平或者不公平的感受。我们要坚持，在每一个涉及公平的活动环节中，幼儿园教师应当积极地践行机会均等理念，使教育过程充满公平与正义。例如，在接待孩子入园时，给孩子不同的问候方式，但是给他们相同的关心；在分配食物时，首先给幼儿均等的分量，在补充添加时又考虑到不同幼儿的差异；在安排活动机会和分配玩具时，让每个幼儿都有适宜的机会与玩具；等等。"最重要的是，教师应该在课堂上实质地实

---

① ［苏联］苏霍姆林斯基.教育的艺术 [M].长沙：湖南教育出版社，1983：20.

践机会均等和教育公平，平等对待每一个学生，将机会——如回答问题的机会——平均地分给学生。"[①] 当然，平均不等于公平，我们依据什么来公平地分配提问机会？这还需要我们进一步的深思，也值得我们和儿童一起期待！

拓展阅读

> 教师不仅应公平地对待每一位儿童，还应当公平地对待同事、家长和自身。教师的公正有利于良好教育环境的形成，有利于教师威信的提高，有利于学生学习积极性的提高和道德成长，也有利于社会公正的实现。[②]

① 王艳玲 . 教育公平与教师责任:《科尔曼报告》的启示——美国宾西法尼亚州立大学庞雪玲教授访谈 [J]. 全球教育展望，2013（4）: 3-9.

② 檀传宝 . 论教师的公正 [J]. 现代教育论丛，2001（5）: 13-17.

合理分配机会

　　基于教育公平的理念，幼儿教师应当面向全体儿童实施教育，并且做到因材施教。针对案例中的教学提问环节，幼儿园教师具体该如何分配提问机会，才能做到公平呢？这是公平理念如何落实和实现的现实问题，考验着教师的道德行为选择与教育艺术。

　　我们认为应当依据平等、贡献和需要三项原则来分配提问机会。综合国内外学者对社会分配原则的建议来看，社会分配可以依据以下五种原则进行：（1）品德原则：按照品德分配权利；（2）才能原则：按照才能分配权利；（3）需要原则：按照需要分配权利；（4）平等原则：分配给每个人同等的权利；（5）贡献原则：按照贡献分配权利。[①] 我们这里选取其中的三项原则进行设计。

　　首先，教师应当依据平等原则平均地给予每位幼儿回答问题的机会。作为平等的受教育者，幼儿理当获得绝对平等的发展机会。但是，一次教育活动的时间是有限的，其中的提问机会也是有限的，在幼儿人数多过提问机会的情况下，我们是无法保证每名幼儿都有机会的。同时，假若教师限定每位幼儿在一次活动中只有一次回答问题的机会，这会破坏幼儿参与

---

① 参考王海明 . 新伦理学 [M]. 北京：商务印书馆，2001：328.

教学活动的积极性，不利于教学活动的组织效果。为此，我们建议将平等原则适用于一段时间里的多次教学活动中。例如，我们保证一周或一个月中每位幼儿获得相同的提问机会，而在每次的教学活动中不需要做到平等分配。

其次，在一次教学活动中，教师要依据贡献原则来选择提问对象。贡献是指回答问题对幼儿集体和幼儿个体发展的促进效益。教师应考虑根据效益最大化原则来选择提问对象。即，谁来回答这个问题对所有幼儿的学习能够发挥最大程度的积极影响？谁来回答这个问题能够对其自身产生最大程度的促进作用？在对集体发展的影响和对个体发展的促进之间，我们建议教师优先考虑对集体发展的影响。例如，面对一个较难的综合性问题，教师应首先提问能力强的幼儿，请能力强的幼儿做出示范，带动其他所有幼儿思考，发挥提问的集体效益；如果把这个回答问题的机会给了能力一般的幼儿，也许他通过努力也能回答出来一些，对其个人有很大的挑战和发展价值，但是对其他所有的幼儿来说，这个回答的示范效应就没有那么明显了。这样，在遇到能力强和能力一般的幼儿都能很好地回答的问题时，也就是回答问题的集体效益相同的情况下，教师可以把机会给能力一般的幼儿，这样他在自己优秀的表现中也能获得最大化的发展，并建立良好的自信心。除了根据难度不同来适宜地分配提问机会以外，还可以根据幼儿个性和文化背景的不同来分配提问机会，只要把握住贡献原则即可。

第三，教师要兼顾需要原则来提问幼儿。在依据前两项原则进行判定之后，教师在一次具体的教学活动情境中，还要注意观察幼儿的学习状态，看幼儿是否有回答问题的意愿。如果一个幼儿愿意回答问题，有需要，那么教师就可以将机会分配给他；反之，如果一个幼儿根本不愿意回答问题，即便教师认为回答问题对他有利且适合，教师也不要强行要求幼儿回答问题。

概括起来讲，为了保证教育公平，教师在选择提问对象时要首先考虑一段时间里每名幼儿都有平均的回答问题的机会，其次要依据贡献原则和需要原则来分配单次教学活动中的机会，即在适切幼儿发展和幼儿感兴趣的情况下提问幼儿，优先考虑个别幼儿的回答对幼儿集体的影响效益。

拓展阅读

为了保证提问机会均等，教师切不可盲目地增加提问机会。今天，很多幼儿园教学活动中已经存在着提问频繁和提问质量不高的问题。[1] 提问，一定是在需要的时候才发问，而且要问得巧妙。提问应当设计在教学内容的关键处（引导幼儿有顺序、有结构地理解内容），幼儿思维矛盾的焦点处（引导幼儿进行比较和综合分析），以及看似无疑实则蕴疑的地方（引导幼儿进行探究或批判反思）。[2]

好的问题要能够启发幼儿思考，表述清晰简明，并且难度适宜。提问可以分为六个层次水平：（1）知识水平的提问，回忆先前学过的知识或经验；（2）理解水平的提问，解释知识，弄清含义；（3）应用水平的提问，应用所学知识解决问题；（4）分析水平的提问，分析事物的结构、因素和关系等；（5）综合水平的提问，组织和内化所学内容；（6）评价水平的提问，依据一定的标准对事物或事件进行价值判断。[3]

---

① 康涛霞.幼儿园集体教学中教师提问策略优化的研究 [D].西南大学硕士论文，2011：28.

② 参考杨继英.幼儿园教师提问行为及其观念的研究 [D].东北师范大学硕士论文，2006：54.

③ 参考王瑞华.幼儿教师教学提问的层次与艺术 [J].学前教育研究，1995（1）：44-45.

教师在向幼儿提问以后还要留给幼儿思考的时间，然后再请幼儿回答。在幼儿回答问题时，教师要认真倾听，调用自己的表情和身体语言予以鼓励和支持。在幼儿回答问题之后，教师要对幼儿的回答进行理答，不是去重复幼儿的回答，而是要在幼儿回答的基础上梳理经验，引导幼儿进一步思考。

身边的榜样

　　小二班的老师手里有一个小本子，上面画着很多统计图——记录哪些孩子在什么时间被老师提问了或者在集体面前做演示了，以及一周和一个月里每个孩子被教师提问的次数。用班主任陆老师的话来说，这个本子是班上的"公平秤"，上面画的图是来帮助老师们发现孩子们是否得到了公平的提问机会。

　　今天，陆老师又要开展集体教学活动。离上课还有一段时间，陆老师在翻阅班上的"公平秤"，在考虑"今天提问谁"。

　　今天提问谁呢？陆老师根据自己的教学内容和以往孩子们被提问的次数，决定今天提问樊路西和梦怡等五位幼儿。樊路西属于思维能力较强的孩子，以往被提问的次数较少，今天的一个问题较难，很适合樊路西来回答；梦怡胆子比较小，但是梦怡对今天的教学内容很熟悉，所以今天让梦怡回答问题较好，能够锻炼其大胆表达的能力，为此陆老师圈定了两个问题准备挑梦怡回答其中的一个，具体是哪一个要看梦怡在实际教学过程中的兴趣表现；……

　　最后，陆老师的备课本上这样记着——

　　问题1：……　　　　（樊路西、……）

　　问题2：……　　　　（梦怡、……）

问题 3：……　　　　（梦怡、……）

……

陆老师在纸上列了清清楚楚的六个问题，每个问题后边都用小括号注明了准备提问的两名幼儿的姓名，用以提示自己教学现场提问谁。

专题六 "叫你不听话！"——
——幼儿园教师的惩戒

"叫你不听话！"

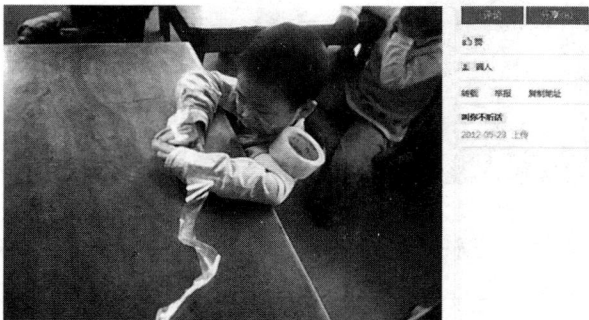

①

　　"叫你不听话"是上面这张照片的名字，是把照片公布在 QQ 空间里的人给这张照片起的名字。照片显示的是幼儿园活动室里的场景。一个男孩子的嘴巴被透明胶带粘着，成卷的胶带挂在孩子嘴巴旁边。同时，孩子的双手被宽宽、长长的胶带粘在了桌子上。孩子低着的头显得软弱无力。

　　这是谁做的？

　　给孩子贴胶带，给孩子拍照片，把照片上传网络，这些都是孩子的老师颜老师所为。有记者在网络上看到照片后，对事情进行了调查。颜老师是浙江省温岭蓝孔雀幼儿园小二班的一名老师，自 2010 年工作以来多次对班上

---

① http://news.he-nan.com/article_109982.html，2013-02-26.

的孩子使用以胶带封嘴、倒插垃圾桶等方式进行虐待，并拍照取乐，还将照片上传到网络上。例如，像下面这张照片中，一个垃圾桶，上面露着一个孩子的两条腿，孩子的上半身被倒插在垃圾桶中。颜老师为自己拍摄的这张照片起名"我把他扔进去了"。

还有这样的照片——颜老师双手揪住一个男孩子的两个耳朵使其离地，男孩儿惊恐哭叫，而颜老师满脸笑容。

照片和新闻一经曝出，社会公众一片哗然！怎么会有如此恶劣的幼儿园

---

① http://news.he-nan.com/article_109982.html，2013-02-26.
② 同上.

与诤友对话——
幼儿园教师师德案例读本

教师？幼儿园教师在幼儿园里究竟在干些什么？很多家长开始对自己孩子的幼儿园老师产生怀疑。与此同时，一时间，全国各地接连不断曝出幼儿园教师虐待儿童的事件——

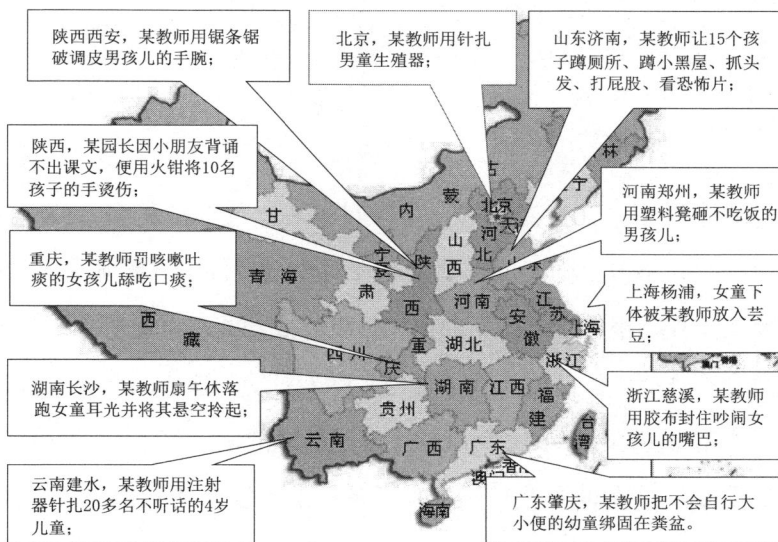

陕西西安，某教师用锯条锯破调皮男孩儿的手腕；

北京，某教师用针扎男童生殖器；

山东济南，某教师让15个孩子蹲厕所、蹲小黑屋、抓头发、打屁股、看恐怖片；

陕西，某园长因小朋友背诵不出课文，便用火钳将10名孩子的手烫伤；

河南郑州，某教师用塑料凳砸不吃饭的男孩儿；

重庆，某教师罚咳嗽吐痰的女孩儿舔吃口痰；

上海杨浦，女童下体被某教师放入芸豆；

湖南长沙，某教师扇午休落跑女童耳光并将其悬空拎起；

浙江慈溪，某教师用胶布封住吵闹女孩儿的嘴巴；

云南建水，某教师用注射器针扎20多名不听话的4岁儿童；

广东肇庆，某教师把不会自行大小便的幼童绑固在粪盆。

图：2009—2012年我国新闻媒体曝光的虐童事件（不完全统计）

惩戒，还是虐待？

在这些事件中，儿童受到的伤害触目惊心，包括被扎伤，被烫伤，耳聋，终身残疾，不敢上幼儿园，等等。在对个案事件中的教师进行调查时，大多数幼儿园教师报告自己行为的初衷是要惩戒幼儿，以使幼儿不合规范的行为变得合乎规范。但是，从教师行为实际上对幼儿造成的伤害来看，教师的行为已然不是正当的惩罚，而是彻头彻尾的虐待。

虐待儿童，这在世界上任何国家都是不能被容忍的。1999 年世界卫生组织（WHO）指出，儿童虐待是指对儿童有义务抚养、监管及其操纵权的人做出的足以对儿童的健康、生存、生长发育及其尊严造成的实际或者潜在的伤害行为，包括各种形式的躯体或者情感虐待、性虐待、忽视和经济剥削。[①] 任何一名正常的社会成员都会反对虐待儿童。依照人道主义原则，每一个人都应当被当作人，并得到善待。儿童，与成人一样，享有自己的人格和尊严。同时，儿童由于更容易遭受伤害，所以还应该得到特别的照料和协助。世界上许多国家都立法禁止虐待儿童，并对虐待儿童的行为予以严厉制裁。

---

① 转引自刘爱书，于锐. 受虐待儿童的社会信息加工特点 [J]. 中国心理卫生杂志，2011（3）：211-217.

虐待儿童会给儿童造成无法弥补的生理和心理伤害。由于身心发育尚未成熟，儿童本身就处于一种脆弱和需要被保护的状态。与遭受同样虐待的成人相比，儿童对虐待的忍受度更低，且影响更加持久。这种伤害不仅会伴随儿童终身，还会通过受伤害的儿童在社会中传递和传播其他各种形式的危害。

首先，受虐待会直接给儿童造成明显的身体伤害，从皮肤受损，到器官破损，到终身残疾等。其次，受虐待会留给儿童精神伤害，影响其一生的行为方式，例如伤害儿童的自尊，导致其人格不健全，畏惧社会交往，容易酒精上瘾和网络成瘾，有自己的子女后容易以同样的方式虐待自己的孩子，等等。有研究证明，受虐待儿童的社会信息加工存在缺陷。[1] 他们在社会交往中更容易将对方的意图理解为有敌意的，并且对权威的反应能力不足。遭受过虐待的成人易患焦虑障碍、酒精依赖、反社会性人格及其他精神障碍，且对女性的影响大于男性。[2] 童年期被体罚过的女生在青年期更容易出现吸烟、饮酒和斗殴等危险行为，在抑郁、焦虑、强迫和恐怖等精神症状上的检出率也比无体罚经历的女生偏高。[3]

与发生在社会层面和家庭层面的儿童虐待相比，发生在学校层面的虐待更让人难以接受。学校理应充满正义和仁慈的光辉。幼儿园（kindergarten）本应是儿童的花园和乐园。教师是承担教育工作的专业人员。儿童应该在幼

---

① 刘爱书，于锐. 受虐待儿童的社会信息加工特点 [J]. 中国心理卫生杂志，2011（3）：211-217.

② 转引自杨世昌，张亚林. 国外儿童虐待的研究进展 [J]. 实用儿科临床杂志，2002（3）：257-258.

③ 马玉霞，陈晶琦. 中专女生儿童期教师非身体接触体罚经历及其与危险行为的关联 [J]. 中国全科医学，2007（9）：725-727.

儿园里得到教师无微不至的关爱与充满智慧的教育。社会公众对教师的工作寄予了很高的期待，所以不能接受教师对儿童的疏忽与错误对待。然而，教师的惩戒怎么就演变成了可怕的虐待呢？面对幼儿的过失，教师又该如何正确科学地惩戒呢？

惩戒的奥秘

惩戒，是教育的手段之一。无论是对儿童发展而言，还是从维护教育效用来看，惩戒都是必要的，但其作用又是有限的。

1. 惩戒是必要的

作为一种教育手段，惩戒对防范儿童犯错，促进每一名儿童的社会发展来说是必要的。"我们可以从一个无可争辩的命题开始，就是犯了过错的人应该受到惩罚。他们之所以应受惩罚，不是由于他们犯了过错（因为做了的事情不能变成没有做），而是要使他们日后不再犯。"[①] 教育的目标之一就是促进儿童的社会化，使其成长为合格的社会成员。儿童的道德发展是一个从接受外部社会规范的约束，到逐步内化社会规范，形成自律机制的过程。按照著名儿童心理学家科尔伯格的解释，儿童道德发展的第一个阶段就是避免惩罚阶段。惩罚，是使儿童接受和内化社会规范的重要力量。如果没有惩罚，儿童就会对违反社会规范毫不畏惧，也就难以形成良好、稳定的社会品质。

---

① ［捷］夸美纽斯. 大教学论 [M]. 傅任敢，译. 北京：教育科学出版社，1999：198.

科尔伯格认为，个体的道德发展大致经历了三个水平六个阶段。六个阶段依次是：（1）避免惩罚与服从阶段；（2）个人的工具主义目的与交换阶段；（3）"好孩子"定向阶段；（4）社会制度和良心维持阶段；（5）社会契约和个人权利定向阶段；（6）普遍的伦理原则阶段。

其次，惩罚对维护儿童共同生活的秩序，促进所有儿童的发展来讲是必要的。任何一个人们共同生活的场合都需要秩序来协调彼此的行动。为此，我们需要明确纪律，为共同生活的人们确立一致的行动标准和依据。在幼儿园里，秩序和纪律不可或缺。这对保证教育活动正常有序地开展十分重要。对破坏秩序和违反纪律的人进行惩戒，使其学会自觉遵守共同的秩序与纪律，以保障每一个人的学习权益与学习效果，这是必要的。我们应当认识到，"为纪律赋予权威的，并不是惩罚；而防止纪律丧失权威的，却是惩罚，如果允许违规行为不受惩罚，那么纪律的权威就会逐渐为违规行为所侵蚀"[1]。

2. 惩戒的作用是有限的

惩戒，能够对儿童的错误和遵守秩序发挥作用，但是其作用是有限的。惩戒，事实上是对个体错误行为的一种消极强化手段。行为主义心理学家斯金纳用实验证明，惩罚的结果是抑制行为，而不会消除行为。[2]一旦惩罚的

---

[1] ［法］涂尔干. 道德教育 [M]. 上海：上海人民出版社，2001：162.

[2] 叶浩生. 西方心理学历史与体系 [M]. 北京：人民教育出版社，1998：217.

力量消失，被抑制的错误行为和违反秩序的行为就可能再次出现。我们不能期望对儿童错误行为的惩罚，能够使儿童自觉采用正确的行为方式。这需要我们在儿童的错误行为与正确行为之间建立桥梁。也就是说，我们在惩罚幼儿的错误行为的同时，一定要让幼儿明白行为错误的原因或者遵守秩序的必要性，以及对应的正确的行为方式是怎样的。

慎用惩戒

　　对惩戒的使用必须在一定的限度内，以对儿童发挥教育效果为指向，以不对儿童构成伤害为边界。尊重、公正与仁慈的伦理精神应充溢在教师的惩戒行为中。

1.惩戒要饱含教育意图

　　在"惩戒"中，"惩"即惩处、惩罚，是惩戒的手段；"戒"即戒除、防止，是惩戒的目的。在惩戒活动中，手段和目的——'惩"和"戒"，是紧密地结合在一起的。学生的发展和进步是惩戒根本的出发点，使学生更好地社会化是惩戒活动的最终目标。[①] 如果没有教育意图，只是为了惩罚幼儿而进行惩罚，这不是真正意义上的惩戒，顶多算是对教师权力的滥用。教师的惩戒要依据幼儿错误行为的逻辑，找到对应的惩戒方式，以真正有效地抑制幼儿的错误行为。

---

① 余雅风，蔡海龙 . 论学校惩戒权及其法律规制 [J]. 教育学报，2009（2）：69-75.

惩罚与体罚不同。惩罚的形式多种多样。在教育实践中，人们常常使用的惩罚形式往往包括语言责备、隔离、剥夺某种权利、没收、留校、警告、处分、停学和开除等。就其结果来说，可以把惩罚划分为教育性惩罚和非教育性、反教育性惩罚（如体罚）等。[1] 体罚违背了教育性，而教育性是教师惩罚成立的基础。由于体罚会对儿童身心造成伤害，所以《中华人民共和国未成年人保护法》中明确规定——"学校、幼儿园的教职员应当尊重未成年人的人格尊严，不得对未成年学生和儿童实施体罚、变相体罚或者其他侮辱人格尊严的行为。"[2]

现实生活中，很多幼儿园教师号称惩戒幼儿，实质上采用体罚或者虐待的形式。这反映出了教师对惩戒的理解不对。教师在对幼儿实施惩戒之前，一定要先确立惩戒的教育意图，继而考虑拟选策略对幼儿身心可能造成的影响，以不伤害幼儿为底限。

2. 惩戒要与尊重幼儿相结合

惩戒不能违反尊重幼儿这项基本教育伦理原则。"惩罚的对象是学生的违规行为，而不是学生本身。任何指向学生的身体、尊严、人格、心灵的惩罚都是反教育的。"[3] 惩戒既不能对幼儿的身体造成伤害，也不能对幼儿的自

---

① 檀传宝. 论惩罚的教育意义及其实现 [J]. 中国教育学刊，2004（2）：20-23.

② 《中华人民共和国未成年人保护法》（1992 年）[Z]. 第十五条.

③ 檀传宝. 论惩罚的教育意义及其实现 [J]. 中国教育学刊，2004（2）：20-23.

尊心构成威胁。为此，教师在实施惩戒之前，一定要帮助幼儿认识到自己的错误之处，让幼儿在信服的基础上自愿接受惩戒。同时，教师要尽可能不以公开的形式惩戒幼儿，以保护幼儿的自尊心。

苏联著名的教育学家马卡连柯在教育实践中很好地做到了惩罚与尊重的统一。在马卡连柯的学生"公社"里，只有社员才能接受诸如禁闭这样的惩罚。一般学生在他们未成长为"社员"之前，反而没有接受惩罚的"资格"。所以，当社员违背了某项纪律而走进禁闭教室时，他的自尊不仅没有受损，反而增长。他觉得这是对自己光荣的社员身份的认可。继而，他会由于自己社员身份的光荣，加剧自己由违纪行为产生的内疚感。在马卡连柯设计的惩罚中，学生的自尊、内疚和觉悟是成正比的。[①] 所以，马卡连柯不仅认为合理的惩罚制度是必要的，还"有助于形成学生的坚强性格，能培养学生的责任感，能锻炼学生的意志和人的尊严感，能培养学生抵抗引诱和战胜引诱的能力。"[②]

3. 惩戒本身要公正

如果幼儿犯错了，教师就要罚其当所罚；如果不同的幼儿犯了同样的过

[①] 参考檀传宝. 论教师的公正 [J]. 现代教育论丛，2001（5）：13-17.
[②] 马卡连柯. 苏维埃学校里的教育问题 [A] // 巴班斯基主编. 教育学 [M]. 李子卓，等译. 北京：人民教育出版社，1986：393. 转引自檀传宝. 论惩罚的教育意义及其实现 [J]. 中国教育学刊，2004（2）：20-23.

错，教师就要惩戒所有犯错的人。这就是惩戒公正的一面。相反，如果幼儿没有犯错，却要接受教师的惩戒，那就是不公正；如果多名幼儿犯错，教师却只惩戒其中的个别幼儿，或者对不同的幼儿给以轻重明显不同的惩戒，这也是不公正。教师惩戒不公，就会影响惩戒的教育效果，使幼儿对教师的惩戒产生抵触情绪。进而，这还会影响到幼儿自身对公正的看法。

拓展阅读

在教育生活中，我们常常看到教师因为自身的情绪波动而对幼儿大开惩戒。尤其，一些教师会在不高兴或者愤怒时，仅仅因为幼儿的行为方式不合乎自己的喜好就对幼儿严厉惩罚。这样的行为是对幼儿的不公正。长此以往，幼儿会缺乏安全感，并养成看教师脸色行事的行为方式，不利于其人格的健康发展。幼儿是否要被惩罚，取决于幼儿是否违反了提前已经约定好的纪律或秩序，而不是教师个人的情绪和个人喜好。

4. 惩戒要充满仁慈

教师在惩戒幼儿时，要根据幼儿的年龄特点和个性特征，为幼儿设计适宜的惩戒方式与强度，以将教育效果最大化，同时将对幼儿的负面刺激降低到最小。例如，小学教师可以罚小学生站五分钟以示警戒，幼儿园教师就不能罚幼儿站那么久，顶多两分钟。这是因为幼儿的肌肉承受能力不允许他们长时间保持一种姿势不变。中学教师可以关中学生禁闭，幼儿园教师就不能关幼儿禁闭，至多让幼儿在活动室角落里静坐。这是因为幼儿的认知程度和行为能力都无法保证幼儿安全地接受禁闭。

同时，在惩戒后，教师要更加关爱幼儿，给幼儿情感上的满足与补偿。"惩罚会给人带来羞愧、痛苦、不安、焦虑、畏惧和悔恨等消极的情感体验，这时人的心理承受能力较低，比平时更期望得到别人的关爱。"[①] 同时，幼儿的许多问题行为常常是由于缺乏关爱造成的，而问题行为常常导致幼儿受罚。所以，教师要对那些受罚的幼儿更加关爱。

---

① 傅维利 . 论教育中的惩罚 [J]. 教育研究，2007（10）：11-18.

身边的榜样

　　冯老师在组织小朋友排队到户外活动，壮壮又开始在队里调皮起来了，一下推前边的小朋友，一下用屁股撅后边的小朋友，搞得他周围的小朋友也烦躁起来。见此状况，冯老师把壮壮叫到自己跟前来："壮壮，站队的时候要保持安静，不能有意地挤别人或者碰别人，这样容易受伤，对吗？"壮壮怯怯地看着冯老师："我错了，老师！""很好，你认识到错了，不过老师还是要罚你的。罚你帮我拿玩具。来，站在我旁边，帮我抱着这一包玩具。"在大家排着队向外走的时候，壮壮抱着沉沉的一包玩具跟着走在队尾。看着壮壮吃力的样子，走在他旁边的冯老师一开始装作没看见。一段距离后，看壮壮的头上已经冒汗了，冯老师停下来，摸摸壮壮的头，抹去他额头上的汗水，问："怎么样，这个惩罚够累的吧！以后排队时要保持安静啰！接下来，咱们两个一起拎这包玩具，跟上队伍，这样到了户外大家就能玩这些玩具了！""嗯！"壮壮对冯老师露出了感激的眼神，并跟着冯老师加快了脚步。

　　到了户外活动区，冯老师向大家介绍："今天这包玩具是壮壮帮我们大家从活动室运到这里的，壮壮都累得出汗了，我们鼓掌感谢壮壮！"接着，冯老师请壮壮和自己一起给小朋友分玩具。在同伴的掌声和"谢谢"回应声里，壮壮的自豪感毫不掩饰地表露在了脸上。从那以后，壮壮不仅认真遵守各项纪律，还常常主动地帮老师做事，服务班上的小朋友。

专题七　"你真棒！"——
　　——幼儿园教师的表扬

"你真棒！"

　　王老师在组织幼儿开展画蝌蚪活动。活动开始了，王老师问大家："谁来说说看，蝌蚪是什么颜色的？""黑色的。"几乎所有的小朋友张口就说出了答案。没想到，王老师的脸一下子严肃起来："我请举手的小朋友说！"说着，王老师自己摆出了举手的姿势。迅速地，孩子们都做出了举手的姿势。王老师迟疑一秒后，叫起来了一个孩子。"开开，你来说！"开开站起来怯怯地回答："黑色！"王老师喜悦地说："对了，开开说得很对。来，我们大家表扬开开！"王老师带着所有的孩子拍着手唱起了："嗨——嗨——嗨——，你真棒！"开开面无表情地接受了这份表扬。

　　……

　　小朋友们的画快要画好了。这时候，桃桃拿着自己完成的画开心地跑到王老师跟前："老师，我画完了，我第一个画完！""对，你真棒！"听到表扬，桃桃得意地拿着画开始向同伴炫耀："看我画的，王老师都表扬我了！"

　　王老师在活动室中间巡回观察幼儿的作画情况，这时静怡抬起头问王老师："王老师，你看我画得怎么样？""嗯，不错，你真棒！"静怡听到表扬后，马上站起身收拾画笔不画了。"你画完了吗？"王老师忙问。"嗯，画完了，你不是都表扬我了吗？"王老师无从作答。

　　陆陆续续地，不断地有幼儿告诉王老师画完了，几乎每一个画完的孩子都在王老师那里得到了一样的表扬——"你真棒！"

表扬太廉价了

　　幼儿是喜欢得到肯定与鼓励的。按道理来讲，在得到教师的表扬时，幼儿应该会表现出愉悦的心情，并更加积极努力地投入到学习活动中，朝教师期望的方向努力。那为什么王老师班上的幼儿在听到王老师的表扬后并没有更积极的学习表现呢？原因很简单，因为教师的表扬太廉价了，不能有效地支持幼儿的学习。那是教师千篇一律的程式化的表扬，那是教师随口而来的毫不用心的表扬，那是教师冷冰冰的不带情感的表扬。总之，儿童在廉价的表扬里体验不到温暖和正能量，甚至感到了伤害。这种现象在幼儿园里非常普遍，王老师只是其中的一位代表。

　　有研究者根据表扬内容的不同将教师的表扬分为三种类型，并发现不同的表扬内容会带来不同的效果。（1）个人取向的表扬，对儿童做出一种整体性判断，反映儿童的人格特质，指向于儿童自身，如"你真聪明！""你真是个好孩子！"等；（2）过程取向的表扬，对儿童行为过程中的努力程度或所运用的策略进行反馈，指向行为的过程，如"这种方法很好！""你在做的过程中很努力！"等；（3）结果取向的表扬，反映行为的客观结果，指向具体行为的适宜性，如"你成功了！""你取得了一个好成绩！"等。

　　案例中的"你真棒"就属于个人取向的表扬。接受个人取向的表扬，儿童倾向于将成功和失败归因于自己的能力，并认为个人的能力大小是固定不变的。这样，他们非常在意事情的结果，迫切希望通过成功来证明自己的能力，继而害怕接受新的挑战。如果遇到挫折或失败，他们会感觉很无助，认为自己的能力无法克服困难，继而逃避问题。他们的自尊心在成功时会保持一个较好的水平，在失败时则会急剧降落，依据外部事物的发展结果有明显的变化。这样的影响对儿童的长远发展来说是非常不利的。

相比之下，接受过程取向表扬的儿童倾向于将成功和失败归因于自己的努力，并认为人的不同努力程度在决定着事情的成败。在遇到挫折时，他们会积极主动地去解决问题，努力克服困难。无论是遇到成功，还是失败，他们的自尊心较为稳定，不会因外部事物结果的不同产生明显的起伏变化。结果取向的表扬带来的结果居于个人取向和过程取向中间。①

---

① 赵景欣，王美芳. 批评／表扬与儿童反应模式的关系 [J]. 心理科学进展，2003（6）：663-667.

表扬的实质是什么

　　表扬，应当是一种对话式的关心。很多教师以为幼儿喜欢被表扬。其实那只是一种表象。幼儿"渴望表扬与他们渴望被看见（存在）、被肯定（认可）、被重视（地位）、被关爱（亲密）等自我体验及人际体验直接联系在一起"①。最紧要的，幼儿喜欢的是教师表扬背后的关心。教师的关心是表扬的"心脏"，表扬的温度来自教师的关心。关心又是什么呢？哲学家海德格尔认为，"关心是人类的一种存在形式。关心既是人对其他生命所表现出的同情态度，也是人在做任何事情时的严肃考虑。"②每个人都渴望得到他人的关心，每个人也都有关心他人的本能。关心意味着一个人对另一个人的关注和设身处地的考虑。"当我真正关心一个人，我就会认真去倾听他、观察他、感受他，愿意接受他传递的一切信息。"③然后，我做出反应，对他的需要做出回应。如何回应要看他的需要，也许是帮助他完成他想做的事情，或者给他情感上的肯定，让他相信他是对的，或者他能行，进而帮助他确立下一个行动目标。

---

① 朱光明. 表扬的意义——一种解释现象学的视角 [J]. 全球教育展望，2011（8）：22-26.

② ［美］内尔·诺丁斯. 学会关心——教育的另一种模式 [M]. 于天龙，译. 北京：教育科学出版社，2003：23.

③ 同上：24.

教师的表扬应该是一种关心。这不仅仅是说教师应该在表扬中倾注积极的情感和态度，而且应该有一种对幼儿的专注与投入，以及站在幼儿立场上深思熟虑后的教育回应。教师的回应不仅要让幼儿感受到双方关系的亲密，还应该能够促进幼儿在现有发展水平上的进步。

在表扬时，教师事实上就是在用言语和非言语与幼儿对话。"对话是无固定答案的，是开放性的。""对话是双方共同追求理解、同情和欣赏的过程。""对话永远应该是一个真正的探寻，人们一起探寻一个在开始时不存在的答案。"① 这样的对话吸引着双方的兴趣和参与，无论对话长短，对话总能给双方创造愉悦的体验。然而，在现实的教育生活中，很多教师将表扬用作了对话结束的注脚。幼儿向教师展示自己的作品或发出提问，其实都是对话开始的邀请。但是，教师常常一句简单的"你真棒"就结束了对话。这个过程中没有理解、同情和欣赏，教师给出的答案是固定不变的，是预先设计好的。没有了对话的支撑，幼儿自然无法将表扬视为关心。

拓展阅读

> 瑞瑞有些社会退缩。妈妈送他来到小一班时，对班主任李老师满怀歉意地嘱咐："老师，孩子还麻烦您多关照！"李老师在日常教育中真的十分关注瑞瑞，并常常向瑞瑞妈妈报告瑞瑞在幼儿园的情况。"瑞瑞今天大便没有拉到便池里，我们保育员老师帮忙收拾了！""瑞瑞今天不睡觉，我专门陪着他看了书！"类似这样的报告虽然没有批评瑞瑞，但一直在报告瑞瑞的不足，这让瑞瑞妈妈感到更加歉疚了，瑞瑞的退缩也好

---

① ［美］内尔·诺丁斯. 学会关心——教育的另一种模式 [M]. 于天龙，译. 北京：教育科学出版社，2003：33.

像更加严重了。

　　一个月后，李老师有事请假，王老师来顶班。瑞瑞妈妈同样对王老师表示了歉意与嘱托。像李老师一样，王老师也关注瑞瑞。不同的是，王老师总是表扬瑞瑞。"瑞瑞今天能跟人对话了！大便时瑞瑞拉到了便池外边，我就告诉瑞瑞大便要拉在便池里。保育员老师过来打扫，我就请瑞瑞告诉保育员老师大便要拉在哪里，瑞瑞用手指给保育员老师看。看，他虽然没说话，但这个手势也是在与人对话呢！""瑞瑞今天不想睡觉，我就专门陪着他看书，我发现他能很专心地一口气看好几本书呢！"类似这样的表扬不绝于耳，妈妈和老师都对瑞瑞越来越有信心了，瑞瑞也似乎改变了许多。

　　这样的变化引起了园长的注意。园长发现，王老师不仅口头上表扬瑞瑞，还常常会对瑞瑞微笑，鼓励瑞瑞参与集体活动；在游戏时专门找瑞瑞聊天，帮助瑞瑞发展语言能力；等等。王园长公开表扬了王老师："王老师对孩子的表扬里满溢着对孩子的关心啊！"

　　事实上，不仅仅是表扬，在幼儿教育的每一个环节和细节中，幼儿都在寻找和企盼教师的关心。关心和被关心是人类的基本需要。人们彼此需要接受、理解、认可与承认，需要关心。学校一方面应该充满关心，另一方面应教人学会关心。作为学校教育的实施者，教师自然应当关心每一位受教育者。

1. 对幼儿园教师而言，关心每一位儿童是职业的内在要求

　　从进入幼儿园工作的那一刻开始，教师就进入了一种关心关系。关心

在先，教师才有因为关心而产生的教育行动；没有关心，教师的行动就不能被称之为真正意义上的教育。教师教育智慧的高低在很大程度上取决于教师付出了多少关心。因为"教育智慧与其说是一种知识，不如说是对孩子们的关心。"① 也就是说，当我们眼中有儿童，心中装着儿童的需要的时候，我们自然知道自己应该为孩子们做什么。假若我们不关心儿童，我们在教师岗位上所做的一切恐怕只是在摆花架子。摆给谁看呢？领导，自己，家长……总之，每一个人都能感受到教师是不是关心儿童，并由此判定这是不是一个好老师。

2. 从教育现实来看，关心每一位儿童是对教师职责的客观要求

在生活中，我们经常会做出这样的批评——现代社会人际关系冷漠，对周围人和事不关心；现在很多孩子自私，不懂得关心别人；等等。为什么会出现这些现象？教育作为社会生活的母机，对"不关心"和"不会关心"这样的结果负有怎样的责任呢？对此，教育首先要成为"关心"的教育，教师要成为"关心"的教师。只有教师关心儿童，儿童充分体验到了被关心的滋味，才能在此基础上学会关心，成为会关心的一代人，进而组成充满关心的社会。

3. 幼儿园教师对儿童的关心应是公正、无偿和深刻的

首先，关心每一位儿童，而不是简单地"关心儿童"，意味着教师不能

① ［加］马克斯·范梅南. 教学机智：教育智慧的意蕴 [M]. 李树英，译. 北京：教育科学出版社，2001：270.

忽视任何一名儿童，这同教师要公正是一样的道理。

其次，教师对儿童的关心应该是无偿的。作为教师，我们不能期待儿童付出关心之后，我们再报之以关心。我们应当是那个关心的起点，不需要任何回报地去传递我们的关心，并期待关心能继续从儿童那里传递出去。人本主义心理学家罗尔斯建议，教师应当给儿童无条件的关怀，即便儿童犯了错误，他也可以得到教师的关怀。所以，当儿童犯错误时，教师切不可以剥夺爱的形式来惩罚幼儿，而是应该对幼儿说："我们大家都很关心你，哪怕你这个行为让大家感到不愉快，我们仍然关心你，希望你不再做这种令人不愉快的行为。"

最后，教师对幼儿的关心应当是深刻的。教师的关心应当属于教育意义上的关心。这是与普通人对幼儿的关心不同的地方。教师的关心应当主要是对幼儿的精神关怀，以促进幼儿身心健康成长为目的。为此，教师在教育生活中关注的不只是幼儿当下的生活状态与幸福感受，还关注幼儿当下的活动和未来发展与幸福之间的关系。

4. 关心每一位儿童对教师提出了高要求

关心每一位儿童，与"教师要仁慈"相比，对教师提出的要求更高。美国学者内尔·诺丁斯是研究关心伦理学和关心教育的重要人物。她指出："我们关注的是'关怀性关系'，而非只是'仁慈的美德'。当由于种种原因'关怀'不被被关怀者感受或接纳的时候，关怀伦理要求我们赶紧去作别的尝试，直到关怀关系成立。而美德伦理只是强调道德主体的个人参与、关怀者的德行品质，等等。""被关怀者的反应如此重要，它不仅确认了关怀的存在，而且会进一步深化、拓展关怀关系，因而成为关怀关系持续发展的重要基石！"① 也就是说，教师不仅要关心儿童，还要做到让幼儿感受到被关心！这就要求我们掌握关心的方法与策略。

从关怀关系的建立来看，我们幼儿园教师是幸运的。因为我们所面对的教育对象——幼儿，他们对教师的关心有着高度的敏感性，并且从不会刻意地掩饰自己对关心的反应。在得到很好照料的情况下，婴儿会用微笑回应母亲的照料。婴儿两个月的时候就能识别母亲的消极情绪，并用哭泣的形式表示对母亲情绪的感同身受。不足一岁半的幼儿能够在母亲流泪时主动地伸出手为母亲擦拭眼泪，而在此之前从未有人教其如此做。在幼儿园里，幼儿喜欢用拥抱、微笑和主动交流等形式表达自己对那些关心自己的教师的喜爱。甚至，他们常常主动说出："我喜欢你，老师！"

---

① 檀传宝 . 子诺子言——诺丁斯教授北京行纪 [J]. 人民教育，2012（2）：11-15.

巧用表扬

在"关心每一位儿童"理念的支持下，我们应该慎重而巧妙地使用表扬，最大程度地发挥表扬的正向作用，谨防产生负面效果。

表扬，是幼儿园教师常用的教育手段与策略。在幼儿园里，教师经常对幼儿的表现、作品或表达给予肯定评价，以鼓励幼儿的积极性，期图强化幼儿的积极表现或努力程度。表扬可以通过语言完成，例如"你真棒""你做得很好"，也可以借助于非言语表达完成，例如点头、微笑、拥抱、鼓掌、竖起大拇指等。表扬可以是对个别幼儿的表扬，也可以是对幼儿集体的表扬。表扬是教育手段之一，但我们在使用时要注意以下策略——

1. 要表扬幼儿的行为过程

教师要表扬幼儿的话，表扬幼儿的什么呢？一件事情成功了，我们是去表扬人本身，还是表扬人的行动过程，或者表扬人的行动结果呢？如前所述，不同的表扬取向对儿童的归因方式、未来在挫折面前的表现和自尊心造成的影响都是不同的。我们应该表扬幼儿的行为过程。这样幼儿对自我会有一个长期稳定的自我评价，并且会根据实际任务调整自己的行动表现。"你真棒"这样的个人取向表扬，容易让幼儿患得患失，认为只有自己的行为合乎教师的标准时，自己才能得到教师的爱和关注。

2. 表扬要具体明确

教师在表扬时使用的语言不能空泛，要具体明确，这样才能给幼儿有针对性的反馈。例如，"你真棒"就是一句空泛的表扬；而"你发现了他们的不同，这要很细心才能观察到，你真棒！"是一句具体明确的表扬。

很多幼儿园教师喜欢用夸张的语气来表扬幼儿，我们不建议刻意这样做。只要我们的表扬具体明确，幼儿能够从中感受到鼓励即可。如果只有夸张的语气，而没有实质性的内容，那是比较糟糕的表扬方式。

3. 根据幼儿的需要适时进行表扬

表扬要在幼儿需要鼓励的情形下开展，而不可随意地不分时机进行。很多幼儿园教师的表扬会显得过于频繁，甚至可能干扰到幼儿专注的活动。这样的表扬是出于教师个人意志的随意行为，而不是幼儿需要的教育性表扬。要让幼儿感受到教师在表扬中的关心，就一定要挑选表扬时机，在幼儿需要鼓励和认可时主动地去表扬幼儿。

4. 少用物质奖励或代偿奖励

表扬要多给幼儿精神鼓励，而不要随便地使用物质奖励或代偿奖励。精神奖励是幼儿真正需要的关心。我们在幼儿园里会发现，很多孩子会喜欢上教师的物质奖励或代偿奖励，例如一个小玩具，一朵小红花，一个贴纸等。

一旦对物质奖励或代偿奖励产生依赖，幼儿的行为动机就会被异化。这很容易理解，"如果一个人本来对某种活动本身具有内在的兴趣，那么当他受到外来的奖励时，他原来的内在兴趣就会降低。"① 外部奖励越多，儿童的发展动力越不足。因为他们真正需要的精神奖励一直没有得到满足。

5. 表扬的方式要因人而异

对不同个性特征的幼儿，我们要注意使用不同的表扬策略。例如，对一向大胆粗放的幼儿，在他有了一次细心的表现时，教师要大力鼓励他这次行为中表现出的细心。对于性格比较胆小的幼儿，在他有了一次成功的体验时，教师要在集体面前表扬他大胆尝试获得了成功的过程。对于那些已经依赖上教师的表扬才能获得自信心的幼儿，教师要注意逐步引导其进行自我表扬与肯定。

另外，教师的表扬要注意保护幼儿。例如，不要在表扬中公开幼儿的隐私；不要在表扬时对幼儿进行横向比较等。否则，教师的表扬就会给幼儿造成伤害。例如，王老师班上有两个孩子来自单亲家庭——皮皮和田田。皮皮总是犯错误，每次王老师批评皮皮，皮皮总是会说："反正我爸爸不要我了！"一次王老师情急之下在全班小朋友面前这样教育皮皮："田田也没有爸爸了，可田田从来不像你一样故意捣乱，你要向田田学习！"让王老师没想到的是，本来玩得好好的田田竟然在听到表扬后哭了。

---

① ［美］Ｓ·Ｔ·菲斯克，Ｓ·Ｅ·泰勒. 社会认知——人怎样认识自己和他人 [M]. 张庆林，等译. 贵阳：贵州人民出版社，1994：62.

身边的榜样

区角活动的时间，小朋友们正在各个区角非常投入地游戏，只听"哗啦——"一声，接着就听到有孩子喊："吴老师，王子涵把积木推倒了！"

吴老师赶到建构区一看，积木倒了一地，王子涵怔怔地看着满地的积木。其他几个小朋友围在一边，告状的文文看起来愤愤不平。

吴老师会批评王子涵吗？

"王子涵，为什么推倒搭好的积木啊？"吴老师表情平静地询问王子涵。

"不好看！"

"哦，已经搭好的不好看，王子涵想推倒了，再搭一个更好的，对吗？"

"嗯！"

"那王子涵想搭一个什么样的呢？给我们大家说一说，然后你带着建构区的小朋友们一起搭，可以吗？"吴老师转头对旁边围着的小朋友们说："我们听听王子涵的想法，然后我们一起来帮忙实现，好吗？"

……

在王子涵的带领下，建构区的小朋友们热火朝天地干了起来……

区角游戏要结束了，吴老师再次来到建构区。"王子涵，你真棒，想出这么好的主意，你设计的新轮船看起来很气派，而且功能很多。那老师给你提一个小小的建议——以后如果觉得作品搭得不好，想重新搭建的话，要先跟一起玩的小朋友商量一下，大家都同意了，然后再轻轻地把不要的作品拆掉。像今天一下子推倒作品，声音太大，容易吓到小朋友。好吗？"兴奋的王子涵很愉悦地接受了老师的表扬和建议。

吴老师又转向一起玩的文文等几个小朋友："文文，你们真棒，帮助王子涵实现了他的想法，一起完成了新轮船，并且你们很大度地原谅了王子涵推倒积木的行为，对吗？"

王子涵、文文和其他小朋友相视一笑……

专题八　"我又不是保育员！"————
　　　　——幼儿园教师的合作

"我又不是保育员！"

　　"王老师，我还想吃饭！"六六兴奋地端着空碗跑到王老师跟前，希望王老师再给自己盛一碗饭。

　　"去找李老师！"王老师正在电脑前浏览网页信息，头也不抬地回了六六一句。

　　六六失望地看看手里的空碗，用缓慢的步子走到李老师身边，小声地说："李老师，我还想吃饭！"

　　李老师这会儿工夫正左手一个勺子喂梦怡，右手一个勺子喂梦怡旁边的浩浩吃饭，忙得焦头烂额。听到六六的要求，李老师恨不得自己马上长出第三只手来，于是着急地向王老师求助："王老师，麻烦您帮忙给六六盛一碗饭，好吗？我这会儿实在是腾不出手来，梦怡和浩浩今天都有些不舒服，需要喂饭。"

　　"我又不是保育员！"不等李老师说完，王老师淡淡地抛过来一句回复。

　　就这淡淡的一句话，噎得李老师再说不出什么了，表情也由着急变为了愤怒和伤心。

　　站在一边看着这一幕的六六"哇"地一下哭了出来，就好像李老师自己的哭声一样……

为什么拒绝合作

　　像案例中的王老师一样直接拒绝与同事合作的现象在幼儿园里时有出现。或许，很多老师不会直接说出"我又不是保育员！"这样伤人的话语，而是采用更加委婉的话语，例如"我正在忙"或"我手上的事情也很着急"等，或者悄悄地离开现场让对方"抓不到人"。拒绝的对象可能是本班的保育员老师，也可能是本班的班长老师或同一个教研组的同事，甚至是园里的教研主任或园长。为什么幼儿园教师有时会拒绝与同事合作呢？

1. 多一事，不如少一事

　　不少幼儿园教师在工作中缺乏合作意识，奉行个人主义文化，坚持"多一事，不如少一事"的工作风格。这种工作风格的养成与教师自我感觉工作压力大有直接的关系。很多幼儿园教师对工作的自我评价是——工作时间长，工作任务繁重，工作压力大，自己的能力与工作要求不匹配等。在这样消极的感受之下，教师会主动避免与人合作，以防带来更多的任务与负担，甚至主动寻求如何减少工作量与任务。比较来看，对于同样的工作持积极感受的教师会更愿意主动承担工作，进而乐意与人合作。

2. 人多嘴杂问题多

除了个人内隐观念对教师合作的影响之外，教师群体文化也对教师合作与否有着明显的影响。中西方教师群体中都会不同程度地呈现派别文化。一个派别中的教师联合起来与另一个派别中的教师相较横，或者不理会另一个派别的教师，不同派别的教师之间不合作。有时，一个派别内的教师之间也只是联合，而没有围绕工作本身进行真正意义上的合作。这就是我们中国人常说的"人多嘴杂问题多"。这种现象在女性占绝大多数的幼儿园教师群体中格外明显。这样的教师群体文化会进一步妨碍教师个体的合作意识。

3. 所谓的合作对自己没好处

现在很多幼儿园教师之间的合作不是教师自愿发起的，而是幼儿园管理制度"扭结"成的。"尽管幼儿园管理具有一定的民主特征，但从根本上来讲，仍然是一种理性的科层化管理，仍然带有浓重的追求效率、强调服从、注重统一的工业化理念，由管理者主观意愿决定的严格的规章制度、明确的责任分工、严厉的奖惩、量化的检查与评价组成了幼儿园科层化管理机制的基本架构。"① 这样的管理与评价制度事实上在鼓励教师个体之间竞争，而非推动教师之间合作。教师与同事的合作付出与成效在评价结果上没有体现，对教师个人评职晋升等实际利益没有明显的帮助。教师之间悄悄地成为了"密切的敌人"，彼此间的合作常常流于形式，对教师个人的专业发展也不能

---

① 王芳. 论阻碍幼儿教师有效合作的潜在因素及其消除 [J]. 学前教育研究，2006（12）：48-50.

产生明显的帮助。

这样，在教师个体文化、群体文化和机构文化的三重作用下，教师拒绝合作就可以理解了。

然而，当我们把视角转到以六六为代表的幼儿身上时，我们又不能接受教师拒绝合作。因为，十分明显，教师拒绝合作不利于保障幼儿在幼儿园里的生活与学习，对幼儿的心理安全感和品格养成会产生消极影响。首先，在两位教师为合作进行沟通的过程中，幼儿的需要已经被弃于次要位置了，不能得到及时满足。以这样的工作状态去推及其他来看，幼儿在幼儿园里的生活质量是无法保证的，甚至安全风险会增多。其次，教师之间的冷漠，以及教师就合作问题产生的消极情绪，都会影响到幼儿，不仅是六六这样的当事人，还有班上其他幼儿。教师的冷漠会给幼儿一种感觉——老师们从心底里不喜欢他们，也会让幼儿逐渐学会对人冷漠。

教师合作是必要的

从幼儿园教师保教工作的需要和幼儿园教师自身的专业发展来看，教师之间的合作都是必要的。俗话说，"一个好汉三个帮"，每个人都有需要别人的时候，都需要与别人合作才能生存和生活，而且"人多好办事"。对于幼儿园教师来讲，合作不是一个"增值"的要素，不是个人可以选择要或不要的，而是"必备"要素，是每个人必须如此。如何来理解合作的必要性，教师可以诉诸自身的责任来分析。

1. 幼儿园教师的保教工作职责是动态的

在上述案例中，王老师的那句"我又不是保育员！"，是意图在教师和保育员之间划定一个职责边界，进而明确分工，拒绝合作。如果每个人的职责范围都非常清楚，幼儿园教师就不用那么累了，只管好自己分内的那点事就可以了，其余的事情都可以放手不管。可是，这样的边界划得清楚吗？事实上，无论是在教师和保育员之间，还是在主班教师和配班教师之间，要划定每位幼儿园教师的职责边界都是十分困难的。

幼儿园教师的主要任务是面向幼儿开展保教工作。在幼儿园实际工作中，保育和教育工作是交织在一起的。幼儿园教育的目标是促进幼儿体、智、德、美各方面全面发展。与中小学教育主要依靠课堂教学相比，幼儿园教育更多地依靠日常生活、游戏和环境来对幼儿实施教育影响。幼儿园教师与幼儿围绕日常生活的互动交流是重要的教育途径与内容。从教育工作效果的产生来看，只要幼儿园教师和幼儿在一起，教师就在对幼儿产生影响，其教育工作职责就存在。为了保证教师对幼儿产生的影响是积极正面的，每一位幼儿园教师都应自觉地担当起教育职责。

从保育的角度来看，保育工作包括为幼儿提供"吃喝拉撒睡"一系列服务，还包括随时随地地在幼儿需要的时候为幼儿提供生活和卫生保健服务。例如，看到幼儿游戏时头上冒出了汗水，为幼儿擦去汗水；看到幼儿的裤子没有提好，蹲下来为幼儿整理衣裤；看到幼儿精神状态不佳，检查幼儿的体温；等等。保育工作没有固定的时间和地点，而是随着幼儿活动的发生而发生，随着幼儿需要的产生而产生。基于幼儿的需要，保育工作就不可能被严格地固定在某一位教师的身上，而是需要任何一名教师在看到幼儿的活动状态和需要时积极地去承担。所以，从幼儿园教师的工作逻辑来看，保育和教育工作是分不开的，教师在承担保育工作的同时也在对幼儿发挥教育影响，教师在开展教育工作时也要根据幼儿的需要随时为幼儿提供保育服务。

从制度的角度来看，幼儿园教师和保育员的工作职责是交叉的，要互相配合才可。《幼儿园工作规程》对幼儿园教师的工作职责明确如下：

（一）观察了解幼儿，依据《幼儿园教育指导纲要》和《3—6岁儿童学习与发展指南》，结合本班幼儿的发展水平和兴趣需要，制订和执行教育工作计划，合理安排幼儿一日生活；（三）严格执行幼儿园安全、卫生保健制度，指导并配合保育员管理本班幼儿生活，做好卫生保健工作；（四）与家长保持经常联系，了解幼儿家庭的教育环境，商讨符合幼儿特点的教育措施，相互配合共同完成教育任务；（五）参加业务学习和保育教育研究活动；

（六）定期总结评估保教工作实效，接受园长的指导和检查。

同时，《幼儿园工作规程》对保育员的主要职责明确如下：

（一）负责本班房舍、设备、环境的清洁卫生和消毒工作；（二）在教师指导下，照料和管理幼儿生活，并配合本班教师组织教育活动；（三）在卫生保健人员和本班教师指导下，严格执行幼儿园安全、卫生保健制度；（四）妥善保管幼儿衣物和本班的设备、用具。

其中，教师工作职责的第二条和保育员职责的第二条都提到了对对方工作的配合与协作。可以这样说，在保育和教育工作中互相配合本身就是幼儿园教师和保育员的工作职责。

从幼儿园组织逻辑来看，幼儿园教师团队的职责边界是清晰的，但是教师之间的职责边界是模糊的。按照《幼儿园教职工配备标准》，幼儿园一个班级应该配备两到三名教师。今天，中国很多幼儿园都是这样做的，由整个教师团队负责一个班级的保育与教育工作。同时，教师团队中设置有不同的教师岗位，例如班长教师、主班教师、配班教师和保育员教师等。通常，主班教师要承担班级活动的全面组织工作，配班教师负责协助主班教师开展活动，保育员主要负责照料幼儿的生活。每天的班级组织与管理工作需要主班教师、配班教师和保育员通力协作才可完成。就像组织幼儿排队出去进行户外活动这么小的一个环节，在幼儿队伍的队前、队中、队尾各安排一名老师来保证幼儿的安全是最好不过的。具体每位教师承担什么工作，由教师团队视活动需要自行协调安排。我们无法确定地说，只有主班教师才对幼儿产生了影响或负有责任，配班教师就没有产生影响或不负有责任，也不需要产生影响或负有责任。一些幼儿园甚至安排一个班级中的教师轮流承担主班教师、配班教师和保育员的工作。这样每位教师的职责边界就更加模糊了。

如果一定要划定一个职责边界的话，那么幼儿的需要和在场就是工作任务的边界。这是一个动态的边界，而不是固定不变的边界，甚至超越了幼儿园的围墙和制度规定的工作时间。例如，即便是在下班之后，幼儿园教师遇到了有需要的幼儿，也应该及时地提供保教服务。甚至，在幼儿园外面，如果幼儿园教师遇到了有需要的幼儿，即便那不是自己幼儿园里的孩子，也应该从专业人员的立场出发给以相应的对待和处理。总之，幼儿园教师应当在幼儿出现需要的时候及时地满足幼儿的需要，为幼儿提供保教服务。同时，幼儿园教师应当在幼儿在场时规范自身言行，并积极地对幼儿实施有益的教育影响。这里的"规范自身言行"就包括规范自身与同事的互动关系。在幼儿面前，教师之间表现出互相尊重和支持就是在为幼儿营造健康积极的精神环境，会对幼儿产生积极的影响。相反，教师对合作任务的抵制与排斥，事实上就是拒绝为幼儿提供服务，会给幼儿造成不安全感和紧张感，进而让幼儿潜移默化地学会"拒绝配合"。这样的结果就表现为教师的失责。

拓展阅读

下午下班之后，李老师锁上活动室的门，下楼准备离开幼儿园。可就在楼梯上，她遇到了一个哭泣的孩子。李老师从来没有见过这个孩子，也不知道是哪个班上的孩子，但是孩子哭得很伤心，显然遇到了什么让他恐惧的事情。走近孩子的时候，李老师变得很犹豫——是停下来照顾这个孩子，还是按照和男朋友约定的时间赶赴约会地点呢？就在这时，李老师的手机响了，男朋友提醒她不要迟到。接着电话，李老师走过了那名孩子。后来，李老师就忘记了她曾在楼梯上遇到过一名哭泣的孩子。

第二天，李老师被请到了园长办公室。园长询问她昨天下班时是否遇到了一名哭泣的孩子。李老师承认了，并解释道："已经下班了，那也不是我们班上的孩子，而且我下班后已经约了人。"园长没有批评李老师，只是跟李老师说了那名孩子后来的遭遇——李老师是孩子最后一个遇见的成人。哭累了的孩子睡倒在了楼梯上，直到第二天早上被上班的老师发现。现在在医院里高烧不止，而孩子的家人则彻夜疯狂地在大街小巷寻找孩子。

听了园长的介绍，李老师流下了眼泪，那里面有对孩子的心疼，也有对自己行为的悔恨。李老师开始做各种假设：我要是打个电话给保教主任，问问是谁班上的孩子就好了；我要是告诉门卫一声，让门卫把孩子接到传达室也好啊；我要是停下来问问孩子怎么回事……最后，园长做了总结："在孩子需要帮助的时候，我们幼儿园教师义不容辞。也许个人一时有事无法帮助孩子，但是和同事主动地沟通一下，就能避免孩子出现问题。"

2.教师的专业发展离不开同事之间的合作

不断追求专业发展是幼儿园教师的责任。幼儿园教师是一门专业。专业的标准之一就是有自己的专业伦理，尽可能为服务对象提供最优的服务。教育实践是复杂的，每天给幼儿园教师提出的挑战都是新的。幼儿园教师每年会面对不同的孩子，并且同一批孩子之间的个体差异也很明显。在工作中，教师不能停留于完成任务，应该自觉地更新知识与能力，不断地超越自我，为幼儿提供最优的教育。可以说，不断地追求专业发展是幼儿园教师工作的内在要求，并且已然成为了幼儿园教师的责任。

我国《幼儿园教师专业标准（试行）》中明确提出，幼儿园教师要"认同幼儿园教师的专业性和独特性，注重自身专业发展"。从专业理念与师德的高度，幼儿园教师要正确认识和理解职业，"具有团队合作精神，积极开展协作与交流"。同时，在专业能力上，教师应当具有良好的沟通与合作能力，能够"与同事合作交流，分享经验和资源，共同发展"。这些是我国《幼儿园教师专业标准（试行）》中对幼儿园教师提出的基本要求。

就如何实现教师的专业发展来看，教师所在的机构是教师专业发展的平台，机构中同事之间的交往与合作又是教师专业发展的重要途径。"每个人是什么样"都是自己与环境互动的结果。教师的专业发展不可能脱离教育实践进行，教师专业发展的目的就是为了提升教育实践质量。实践就是一个交往场域，包括教师与儿童、家长的交往，也包括教师之间的交往。在交往中，同事之间的观念碰撞与经验观察推动每位教师反思自身的教育观念与行为。苏霍姆林斯基说过："教师集体是大家志同道合进行创造性合作的团体，在这里，每个教师都能为集体的创造作出自己的贡献，每个人从集体的创造中吸取精神力量，同时也以精神力量去丰富自己的同志。"要实现教师的专业发展，个人的自主学习与反思是必要的，同事之间的交往与合作也是必要的。并且，从国际上以往推进教师专业发展的实践经验来看，同事之间通过合作形成实践共同体或学习共同体，自愿地共同分享经验与资源，坦诚地互相发现问题与不足，是教师实现自身专业发展的绝好方式之一。

反过来，如果没有同事之间的合作，教师的专业发展就会受到阻碍，甚至职业生活本身陷入孤独或危险的状态。在教育生活中，不少幼儿园教师都有过不同程度的孤独感。我们常常觉得一个人在工作中孤军奋战，不清楚同事在做什么，也不了解同行如何评价自己的工作。这让我们很焦虑。我们渴望打开心扉与同事进行坦诚的交流，探讨彼此的专业困惑，分享各自的工作感受。既然，我们有这样的需要，我们希望走出孤独，那么我们为什么不可以合作呢？在合作中，我们可以围绕共同的目标来分析和设计行动路径，在遇到困难时可以互相支援，在成功时可以一起分享喜悦。幼儿园教师的合作自然会冲散职业上的孤独感。

同时，经验告诉我们，一名教师的注意广度是有限的，很难一下子关照到十名以上的幼儿。幼儿本身又好奇、好动，很容易为自己感兴趣的事物所吸引而变换活动内容。如果教师稍不注意，幼儿就会脱离教师的视线。这对于自我保护意识不强的幼儿来讲是非常危险的。所以，无论是日常生活安排，还是游戏和户外活动的组织，一名教师根本无法应对所有的幼儿。在中国幼儿园幼师比例居高不下的情况下，"单打独斗"的幼儿园教师可以用悲惨来形容，也可以用危险来描述她们的工作状态。

总之，追求专业发展是教师自身的责任。从专业发展的目的和方式来看，同事之间的合作都是必要的。

我们期待一种理想化的境界——所有的幼儿园教师自觉地认为"我们是孩子们的老师"，"促进孩子们的发展是我们共同的目标"。为了这个目标，我们有所分工的同时积极合作，协调行动，努力完成伟大而富有意义的教育合作。教育合作是幼儿园教育的客观要求，更是我们的自觉追求。我们要用有意义的教育合作示范给全人类看合作的力量与美妙！

如何与同事真诚合作

    合作是必要的，而且是有益的。那么，我们该如何与同事真诚合作呢？合作就是两个以上的主体为某一个共同目标自觉自愿地协作行动，共同努力去实现目标的过程。其中包括三个关键要素：（1）共同的目标。合作不是完成其中一个人的目标，也不是完成其他力量强加的目标，而是所有参与行动者的共同目标。（2）自觉和自愿。合作不是被人要求共同行动，而是行动者由于目标达成的需要自觉选择合作，自愿参与合作。（3）平等的协作机制。合作必须基于平等的对话来实现，每个人的意见不能受到压制，否则就会阻碍合作。

    在幼儿园里，教师的合作形式有班级教师团队之间的合作，教研组之间的合作，以及教师与管理者之间的合作。教师合作的形式有共同参与式、指导式、观摩式、研究式等。合作可以围绕日常工作进行，也可以就专门的教学或教研主题展开。

    根据目前幼儿园教师之间的合作状况，我们建议——

1. 幼儿园教师增强群体角色意识，深入理解合作的意义

    幼儿园教师不仅要认识到"我是孩子们的老师"，还要认识到"我们都

是孩子们的老师"。在心中确立群体角色意识，是教师与同事展开合作的第一步。作为一个专业群体，幼儿园教师拥有共同的目标——促进幼儿发展。为了促进幼儿的发展，每一位教师要时刻注意规范自己在幼儿面前的言行，还要注意与同事密切合作。如果有了专业伙伴的角色定位，我们就不会过多地计较与同事交往过程中的个人得失与细枝末节，我们也不会抗拒与同事合作，而是主动选择合作的方式来保证教育质量，提升我们和幼儿的生活质量。总之，正是因为我们有共同的立场，合作就自然不过了。正是基于这一共同立场，我们开启合作，并维系合作。

2. 幼儿园教师要正确认识合作的内涵，树立主动合作的意识

"合作不是让成员们肩并肩坐在同一张桌前相互谈论，而同时却各做各的工作。合作不是给一个团体指派一项任务，虽然只有一个成员在做，但所有成员都要在其产品上签上大名。""合作也不是让成员们个别从事一项教学任务，先完成任务的去帮助进度慢的成员。""合作要比物理上接近他人、与他人讨论材料、帮助他人，或在成员中分享资源丰富得多。"①幼儿园教师要树立主动合作的意识，积极地与同事共同谋求专业上的进步与教育上的改进。

3. 幼儿园教师要保持良好的合作态度，保证合作的良好运行

合作必须有共同目标的指引。这是合作的前提。同时，合作要想持久，

---

① ［美］戴维·W·约翰逊，等．领导合作型学校 [M]．唐宗清，等译．上海：上海教育出版社，2003：100-102.

就必须由共同目标生出价值规范要求，以约束所有参与者的行动。在与同事合作的过程中，我们要注意：（1）坦诚。我们应当主动地与同事交流工作情况，分享工作经验，做到毫无保留。只有自己说出内心的真话时，才能够听到对方的箴言。（2）互惠。对于同事工作上的优点，我们应该积极肯定与表扬；对于同事工作上的缺点和不足，我们也应该明确指出。在同事需要帮助的时候，我们应当主动地出手协助。在同事对自己施以援手的时候，应当真心地表示感谢。（3）包容。在合作的过程中要允许差异的存在。对同一件事情，同事之间可以持不一样的意见，可以有不同的处理方式。不能强求所有人的观点和做法统一，机械一致会抹杀合作的必要性。有差异和不同，才会通过合作互利互享。（4）友好。对于同事能力上的不足，或者工作上的失误，我们应当给予包容。包容，意味着接受，并积极地用个人的力量弥补工作上造成的遗憾。不能因为同事的一次过失或者能力不足，就终止合作关系，而应该帮助同事认识到不足和失误，并协助同事提升能力、改正错误。

4. 幼儿园教师要掌握沟通技巧，提升交流艺术

在合作过程中，如何表达个人的观点，如何表扬和肯定他人，如何指出他人的不足与错误，这些都需要教师思而后行，做到"正确表达，艺术交流"。例如，在帮助同事指正错误或不足时，一定要注意分寸和讲话艺术，不能给人刻薄的感觉，伤害同事的自尊。曾国藩曾说过，薄福者必刻薄，刻薄则福益薄矣。有些幼儿园教师自诩心直口快，遇到同事的做法不合自己心意，便劈头盖脸的一顿指责，还以为自己是在帮别人。对方其实已经决定远离他了。待人刻薄，与帮助同事认识错误与不足，是截然不同的。所有的人都喜欢暖暖的批评，而不喜欢疾风骤雨式的"帮助"。

全美幼教协会的《伦理操守准则与承诺声明》

......

第三部分 对同事的道德责任

在一个充满爱心与合作的工作场所中，保持和发展积极的人际关系，个人尊严得到尊重，专业满意度得到提升。在核心价值观的基础上，教师的首要责任是与同事建立和保持支持工作以及满足专业需要的良好人际关系。同样理想也适用于在工作场所与儿童和其他成年人打交道。

A——对同事的责任

理想目标

I-3A.1——与同事建立并保持相互尊重、相互信任、保护隐私、协同合作的关系。

I-3A.2——与同事分享资源，确保为儿童提供最好的保育与教育。

I-3A.3——帮助同事满足专业需要以及专业发展的需要。

I-3A.4——承认同事的专业成就。

原　　则

P-3A.1——承认同事在教学中和面对儿童、家长时间做出的成绩，不参与损害集体名誉的行动。

P-3A.2——当关注一个专业工作者时，首先让他／她知道自己被关注以表尊重，然后以保密的方式尝试解决在关注中发现的问题。

P-3A.3——陈述对同事个性和专业操守的意见以第一手资料为基础，

绝不道听途说。

P-3A.4——绝不对同事的性别、种族、国籍、宗教或党派信仰、年龄、婚姻状况或家庭情况、残疾以及性取向有任何歧视性的行为。

……

与诤友对话——
幼儿园教师师德案例读本

身边的榜样

　　陈老师是幼儿园里的宝贝，大家都争着抢着和她合作带班。怎么回事呢？原来陈老师有两个"好"。

　　这第一个"好"就是陈老师待人平等，并且从不跟人着急。陈老师在幼儿园里算是元老级的人物了，年纪四十有余，并且一直在这个幼儿园里工作。园长都格外敬重她。但是，与其他老教师不同的是，陈老师对待所有的人都是平等的，包括对待她自己。她从来不会因为自己年纪长几岁，就颐指气使地指挥年轻教师，更不会在幼儿园工作任务面前摆资格。更重要的是，陈老师从不跟人着急。平时的班级工作，陈老师总是安排得有条不紊，节奏适中。即便班上遇到什么危机事件，陈老师也总是能够沉稳地应对和解决，并且是第一个站出来承担责任的人。所以，凡是跟陈老师一起带班的教师，都感到格外的愉快和踏实。

　　一次，班上一位年轻教师在开展活动时，请孩子们从椅子上站起原地跳跃。不巧，一名孩子在跳跃过程中磕到了桌角上，家长对年轻教师不依不饶。陈老师当时正在外面学习，听说后马上赶回幼儿园，向家长承认错误，并将责任揽到了自己身上。事后，年轻教师对陈老师感激不已，又紧张地等待着陈老师的批评。但是，陈老师没有批评，而是温和地坐下来，和年轻教师一起分析事故发生的原因——教学环境布置中潜藏着危险。如果要孩子跳跃，那就应该预留出空地，请孩子离开桌椅一定的距离再跳跃，而不能让孩子从椅子上站起来就在桌子旁边跳跃。

　　这第二个"好"就是陈老师能干，又十分愿意"传帮带"。陈老师是省级骨干教师和优秀教师，在工作中有自己的"一套"。每年幼儿园开学分班时，陈老师都是家长们追逐的"明星"，争着抢着想把孩子送到陈老师班上。陈老师带出来的孩子聪敏、壮实、有礼貌，跟别的班上的孩子一比就是优秀。很多教师反映，和陈老师一起带一年班，就像自己又上了一年学一样，而且学的都是有用的带班经验。陈老师在班上不会刻意地掩饰自己的"独门秘籍"，而且在同事询问"为什么这样做"时，还会耐心地向同事讲解自己的理由和设想。如果同事身上有什么不足，陈老师喜欢用写信或写便签这样的私人化方式告知同事，并给同事可行的建议。例如，推荐一本书，分享一句格言，借出一个活动资料，提供几项活动建议等。所以，和陈老师工作过的教师也成长得特别快，其中一些教师现在已经是区里和市里的骨干教师了，还有一些已经做上了教研组长。

专题九　"我们不要他!"————
————幼儿园教师的担当

"我们不要他！"

　　这学期，星星班接收了一个从外园转来的小朋友，名字叫皮皮。谁想，皮皮来了不到一个星期，打遍了班上所有的小朋友。每天，班上都会有人告状："老师，皮皮打我！"孩子们哭声不断，家长们怨声载道，老师头痛不已。

　　为了解决皮皮打人的问题，班主任何老师请皮皮的妈妈到幼儿园里来一同商量办法。这一商量不要紧，吓了何老师一大跳——原来皮皮是被之前的幼儿园赶出来的，就是因为他打人的问题。皮皮不仅打小朋友，到一定阶段还会对老师动手；之前幼儿园的老师好心矫正皮皮的行为，反倒被他打了。

　　听到这些，何老师果断地决定——我们不要他！何老师同时向园长和皮皮的妈妈表示了自己的决定。最终，皮皮离开了何老师所在的幼儿园。

谁来保障孩子的权益？

　　我们能够理解何老师的决定，"不要他"是保全教师自己最简单有效的方法。这能让老师省不少的"麻烦"。但是，我们担心的是——再次被幼儿园赶走的皮皮最终会去哪里？被教育机构一次次抛弃的皮皮会如何长大？他的攻击性行为会如何发展？成年后的皮皮会是一个什么样的人？

　　如果所有的教师都与何老师一样"不要他"，我们可以推测，长大后的皮皮很有可能对社会构成威胁。研究发现，攻击性行为，无论男女，都表现出中等程度的稳定性；而且，"在童年被同伴评定为攻击型的男孩到成年期倾向于有更多的犯罪记录，虐待配偶和其他暴力行为"[①]。同时，童年期遭受过暴力的幼儿在成人后也倾向于用暴力来解决问题。

　　其次，"不要他"这样的行为对其他幼儿也有消极影响。所有的孩子都看到了，教师因为一个孩子行为的偏差就将其驱逐了出去。一方面，他们对教师的信任程度大大下降。他们会怀疑，有一天自己也会因为错误而被教师驱逐出去。另一方面，他们在学习像老师一样用驱逐的方式保护自己。当自己的利益受损时，不管他人处于何种状态，便将他人驱逐出去，毫不留情。

[①] 周宗奎. 现代儿童发展心理学 [M]. 合肥：安徽人民出版社，1999：363-366.

那么，站在像皮皮一样的孩子的立场上，我们不禁要问——凭什么驱逐我？谁来保障我的受教育权益？儿童有受教育的权益，成人应当保障儿童受教育的权益。这是国家法律的规定和学校教育的承诺。尽管幼儿教育不属于义务教育阶段，不带有强制性，但是从幼儿发展受益的角度来看，幼儿教师仍然有责任保障幼儿受教育的权益。即便放下幼儿教育的性质不论，我们按照何老师的行为方式来推演看，如果皮皮是一名小学生，他的老师像何老师一样"不要他"，那老师的行为是不是就侵犯了儿童的受教育权益呢？

　　在这个案例中，皮皮的家长选择默默地接受教师的驱逐，悄悄地离开。在现实社会生活中，许多家长不会这般"好欺负"。面对教师的驱逐，家长可能会围绕儿童受教育权益与幼儿园进行博弈。无论最终的结果如何，教师恐怕都会经历一场道德上的折磨，教师个人的声誉和幼儿园的声誉都会受到损害。

担起幼儿教育责任

事实上，从教师的角度来看，这是一项关乎专业责任的伦理选择。面对复杂的教育问题，教师是选择迎难而上，还是推脱不理？现如今，很多幼儿园教师选择了逃避。当孩子身上出现发展偏差，或者当家长对教师工作进行质疑时，一些幼儿园教师常常将问题推向家长，寻找各种理由为自己开脱，甚至反过来指责家长教育工作不到位。这样的现象在今天中国幼儿园的家园合作过程中越来越常见。那么，教师在其中真的没有责任吗？教师本应担负怎样的责任呢？

我国《幼儿园工作规程》中对幼儿园教师的主要职责做了如下界定——

（一）观察了解幼儿，依据《幼儿园教育指导纲要》和《3—6岁儿童学习与发展指南》，结合本班幼儿的发展水平和兴趣需要，制订和执行教育工作计划，合理安排幼儿一日生活；（四）与家长保持经常联系，了解幼儿家庭的教育环境，商讨符合幼儿特点的教育措施，相互配合共同完成教育任务。

无论是在园独立工作，还是与家长配合工作，幼儿园教师工作的目标都是完成教育任务。幼儿园教师的教育任务又是什么呢？就是开展保教活动，促进幼儿全面健康发展。这样来看，无论是幼儿身上出现发展偏差，还是幼儿家长对教师工作质疑，幼儿园教师都负有责任进行干预与回应，联合幼儿家庭的力量共同促进幼儿的发展。幼儿教师应当面向全体儿童开展教育工作，与幼儿家庭沟通合作，为幼儿营造适宜的、积极的学习与生活环境，促使所有幼儿得到发展，并养成健康的人格。

说实话，这份责任可大可小。往小里说，幼儿园教师在幼儿园里确保孩子一天安安全全、健健康康、乐乐呵呵，每天按部就班完成幼儿园规定的工作内容就可以了。然而，这样教育的结果是什么呢？幼儿在幼儿园里或许很安全，很快乐，但是发展未必充分和良好。这与我们期望的幼儿园教育理想不符。教育一定要充分地调动幼儿的发展潜能，实现他们的充分发展。这个过程中应该有教师和孩子的真情碰撞，有挑战和困难，有解决问题的兴奋喜悦……这样的教育需要教师承担"大"责任，而不是"小"责任。我们的幼儿园教师应该站在国家、民族和一代人发展的立场上思考幼儿教育，站在生命需要与能量激发的位置上投身幼儿教育。只有在这样的高度下，我们才会看到工作的重大意义与巨大贡献，我们才会更加热情地与幼儿互动，为他们创造适宜的生活与学习环境，为所有的儿童成为健康向上的人而努力。

与政策规定和理想信念都不同，教育实践中的责任推诿让人心痛。很多社会问题的产生都与教育过程中的责任推诿有关。除了案例中出现的这种横向的责任推诿以外，纵向的责任"追踪"也十分常见。即，当我们面对成人社会中的问题痛心疾首的时候，我们首先会批评大学教育没有搞好；大学教师发现学生素养上有缺陷时，会批评中学教育；中学教师会把学生问题的症结归于小学教育；小学教师则会把责任推给幼儿园教师；幼儿园教师遇到问题，只能指责幼儿家庭教育没有搞好。所以，有学者会说，"教育是无用的"。确实，如果所有的教师都不负责任，教育确实无助于人的完善，无助于社会文明的进步，甚至自身都会成为社会问题！

幼儿园教师应该有敢于担当的精神，担当起幼儿教育的责任。这不仅要求我们认真对待每一天的日常工作，还要我们"有态度"地处理教育工作中的特殊事件。面对幼儿发展过程中出现的问题，我们应该勇于应对，通过积极的教育努力来解决问题。面对家长与幼儿合作过程中出现的矛盾，我们应该直面困难，通过坦诚的沟通来化解矛盾。俄国著名诗人普希金说过："大石拦路，弱者视为前进的障碍，勇者视为前进的阶梯"。就本案例中对儿童特殊行为的处理问题，幼儿园教师应该充分彰显责任意识，选择接受挑战，与家长积极沟通，援引专业支持，来设计有效的攻击性行为干预方案，矫正皮皮的行为。幼儿园教师不能因幼儿行为有偏差就排斥其接受教育，反倒应该更多地关注和干预幼儿的行为。对于儿童身上表现出的过失与缺憾，教师有义务帮助幼儿积极地矫正和弥补。科学规律告诉我们，无论是多大的生理缺憾或心理障碍，越早干预和治疗，其恢复效果越好。

我们相信，绝大多数的幼儿园教师内心都是愿意负责任的，并且也都欣赏负责任的教师。在此基础上，我们要理解，是否负责任，不取决于个人内心的意愿，而是要看人的行动表现。同时，我们要记住，在别人的眼里，你是否负责任，关键是看在可选择的情境下你选择承担还是推卸。每一个人都深知，选择承担责任，就意味着后续一连串的劳动与付出。这些劳动与付出不会对应地体现在我们的收入里，甚至还有可能给我们带来一定的风险。但是，所有人的眼睛里都会为负责任的人留下赞许。

拓展阅读

中国山东一带有一个风俗习惯——在房屋墙根儿、路口和村口等这些要冲地方放置一块石头，上面写着"泰山石敢当"。"石敢当"是一个神话人物。传说中，他没有特别的本领，但凡事来了他敢当，能够上前顶住。所以百姓们都信服他，需要他。

让担当成为一种习惯

中国古语云"为官避事平生耻"。我们幼儿园教师要切实担起幼儿教育责任，这份责任的重要性丝毫不亚于官员执政一方的责任。为此，我们幼儿园教师要争做有担当的人，让担当成为一种习惯。

1. 坚持正确的教育价值导向

首先，我们幼儿园教师要坚持正确的教育价值导向，对教育工作负责。幼儿教育是为人的事业，以促进幼儿健康和谐发展为目的。幼儿园教师的工作以价值为前提和基础，幼儿园教师的劳动带有强烈的情感性。这不同于简单的技术活儿。教师不能像放弃一块工业原料一样随意地放弃孩子，也不能冷冰冰地对待孩子。教师的工作结果不能简单地用劳动对象或结果的数量来计算，也不能用劳动时间来粗糙地衡量，而要看劳动成效，看其对孩子产生的实际影响。

其次，幼儿园教师要做幼儿教育中的道德领导者，积极影响教育参与者，形成教育合力。教育是一个多方参与合作的过程。除了教师和家长，社会各部门成员也是重要的参与力量。不同教育阶段之间的教师之间也要沟通合作。幼儿园教师要担起幼儿教育责任，就应该主动地做教育中的道德领导者，带动家长、社会各部门成员和其他教育阶段的教师一起参与幼儿教育工作，共同对儿童发展负责。

具体来讲，幼儿园教师应当主动与家长和同事沟通，基于幼儿的表现与发展提前作为，预防幼儿出现发展偏差，促进幼儿健康发展。这里以幼儿攻击性行为问题为例。在幼儿出现攻击性行为以后，矫正其行为所需的成本是较高的。如果幼儿园教师在工作过程中能留心观察，提前预防幼儿出现行为问题，是最好不过的了。很多有经验的幼儿园教师是很注意与家长积极沟通协作的。例如，当发现幼儿情绪或身体有些微变化时，应主动询问幼儿在家庭里的表现，向家长报告自己观察到的幼儿的变化，共同讨论分析原因，做出相应的预防或引导安排。这样，很多幼儿有可能出现的问题都提前被化解掉了，能够在很长时间里保持健康积极的发展态势。

2. 正视困难，直面困难

俗话说"大事难事见担当"。幼儿园教师能否担起教育责任，关键看大事难事面前的表现。遇到困难，教师一定要正视困难，直面困难，不能逃避，不要因为害怕承担过失而回避问题。在分析问题原因时，幼儿园教师要客观，对于自己所负的责任或造成的过失要承认，对于他人的过失要宽容，这样才有助于问题的解决。我们一定要认识到，过失归谁远没有解决问题来得重要。

针对儿童发展过程中的特殊问题，我们教师不要回避，要努力调用多方的教育力量来做出有针对性的干预。一方面，幼儿园教师和家长要深度沟通，全面了解幼儿的家庭行为表现，对家长的询问与意见应该认真听取，热情回应，以有效地沟通和解决幼儿发展过程中的问题。另一方面，教师可通过幼儿园申请特殊教育专家的帮助，来为儿童的特殊行为设计有针对性的干预方案。幼儿问题行为的矫正是一个富有挑战的领域，也是一个给人成就感的领域。幼儿的很多问题行为都可以通过科学有效的方法得到有效的矫正。如果教师接受幼儿的问题行为，在特殊教育专家的帮助下采用有效的方法改善了幼儿的行为表现的话，教师一定会有莫大的成就，会终身为之感到自豪与幸福。

3.提升专业能力，解决问题

敢于站出来接受困难或承认问题非常好，这之后还要积极地解决问题，这就需要我们提升专业能力。专业能力强了，自然也不怕问题了，也就敢于担当了。相反，专业能力不足，就时时处处怕麻烦，不敢承担责任。专业能力的提升，不是一时半会可以实现的，需要幼儿园教师长期坚持学习。最好的学习方式就是在实践中发现问题和解决问题。幼儿园教师根据教育实践中发现的问题及时设置学习计划，通过学习解决实践中遇到的问题，实现问题解决和个人能力提升的双赢。

身边的榜样

    今天，齐园长召集中二班的所有家长开家长会。早晨入园时，齐园长发现中二班山山的奶奶拉着班上的老师在班级门口哭诉个不停，就上前询问。原来，头一天下午接孩子离园时，山山的奶奶在幼儿园门口被人莫名其妙地给了一拳。周围都是接孩子的家长，山山的奶奶认定一定是班上某一个孩子的家长干的，就想请老师帮忙找出"凶手"。班上的老师认为，山山的奶奶只是推测是班上孩子家长所为，没有亲眼看到是谁，不好受理这个"案子"。齐园长则敏感地意识到这可能不是普通的家长矛盾，与幼儿和幼儿园里的工作有很大的关系。于是，齐园长向班上老师询问山山在班上的表现。这一问才知道，山山原来是班上的"打架大王"，一天到晚在班上欺负小朋友，老师用尽了各种方法作用甚微。听到此，齐园长果断地决定："通知班上所有孩子的家长，今天下午咱们中二班开家长会，我们来解决山山的奶奶挨一拳的问题。"

    家长会上，齐园长首先请山山的奶奶发言。山山的奶奶介绍了自己头一天被打一拳的事情，并哭诉着发问："我不知道得罪了哪位家长，还请站出来面对面把问题说清楚了。"问题刚抛出，琳琳的爷爷腾地一下站了起来，"那一拳是我打的。你们山山已经不是一次两次打我们琳琳了，昨天又打了，我老人家不能直接打孩子，那就怪你们家长没教育好了。而且，我不仅要还给你们拳头，还当着这么多家长和老师的面，强烈要求你们山山换班或者转园，不要老是在这里欺负我们。"这一提议得到了许多家长的附和，问题一下子从两家的关系变成了山山一家与所有家庭的关系。山山的奶奶一下子成为了所有家长声讨的对象。班上的老师紧张地看着园长："这样的局面该如何处理呢？"

这时，齐园长站了出来："大家伙先听我说一句。问题的根结还是孩子的教育问题，山山的攻击性行为没有矫正过来，这是我们幼儿园的责任，是我们的工作不到位，才给大家造成这么多的困扰。"说着，齐园长向家长们深深地鞠了一躬。现场一下子变得鸦雀无声。

看大家静了下来，齐园长接着说："我们每一位家长都爱孩子。因为孩子们在一个班上，所以，我们家长们有了联系，成为了朋友。我们虽然对山山打人的行为感到愤怒，但是我们肯定都希望山山能够变好，将来成为一个健康乐观的人，对吧？我们恳请大家再给幼儿园一些时间，我们园长和老师一定尽自己最大的努力来矫正山山的攻击性行为。接下来，我们会联系专家，帮我们制订行为矫正方案；我们再为中二班增加教师人手，专门执行矫正方案，并教会其他孩子如何应对同伴的攻击。我们大家想一想，没有了山山，孩子们将来还是有可能面对同伴冲突和攻击性行为的。我们最重要的其实是要教会所有的孩子如何保护自我，如何应对同伴的攻击，对吗？"

一席话说得在座的家长频频点头。琳琳的爷爷激动地站了起来："园长说得非常好。打人这事我干得不对，我给山山的奶奶道歉！"山山的奶奶一听这话，忙回礼："不，不，您生气是对的，是我不好，我们没有把山山教育好，让大家伙儿跟着受累了！"两位老人互相鞠躬的场面乐坏了在座的家长们，气氛一下子活跃了起来。

齐园长适时地进行了总结："既然咱们话都说开了，那接下来就看幼儿园的行动吧！我们大家伙儿齐心合力地来帮助山山，帮助所有的孩子们！"

"支持！"很多家长大声地表明了自己的态度。山山的奶奶也真诚地表示，要接受幼儿园的教育，从家里开始改变山山。

　　送走了家长们，中二班的老师们都夸赞齐园长这个危机事件处理得好。齐园长没有成功后的沾沾自喜，而是语重心长地说了一句："咱们要做家长的道德领导者！"

　　故事没有结束。后续，齐园长请专家面向所有幼儿园家长做了一场关于攻击性行为的讲座，并为山山专门制订了矫正方案，同时安排专门的老师负责实施矫正方案。老师、家长和孩子们真诚地围绕着一个人的进步努力着，同时，大家也都在进步……

专题十 "一点小意思!"————
————幼儿园教师的坚守

"一点小意思!"

　　"王园长，这是一点小意思，请您收下!"某幼教公司的业务员小刘递给了王园长一个小信封。不用打开看，王园长就能猜到信封里装的是什么——电话充值卡、消费卡、银行卡……总之，里面装的是业务员的"敲门砖"。

　　"对不起，请您收回! 我不能收!"王园长义正词严地拒绝了小刘。望着王园长严厉的眼神，小刘怏怏地准备离去了。

　　"小伙子，怎么着，你准备走了? 你还没有给我介绍你们公司的产品呢?"王园长笑着叫住了小刘。

　　小刘喜出望外，以为王园长回心转意了，再次将手里的小信封呈上。

　　可是，王园长又将信封推了回去："这个不需要，我们幼儿园目前需要购买游戏设施，所以我想听听你们公司的产品介绍，我要比较一下多家公司的产品，才能找到适合我们的产品呀!"

　　小刘吃惊地看着王园长："我明白了，王园长，您看重的是我们产品的质量! 我敬重您，这个信封我收回! 我现在就给您看我们公司的产品样例，介绍我们公司的产品。"

　　……

金钱诱惑与个人尊严的对抗

像王园长这样抵抗住金钱的诱惑，坚守专业尊严开展工作的幼儿教育工作者，值得我们欣赏与尊重。然而，并不是所有的幼儿园教师都是这样的。在"礼物"面前，很多幼儿园教师会迟疑，一些教师还会选择"收"。甚至，少数人不仅被动地接收别人送上的"礼物"，而且想方设法为自己"创收"。例如，直接或变相地向家长索要"礼物"，将幼儿园里的公共物品或财产挪为己用，在代表幼儿园对外交往时收受贿赂等。在"得了好处"之后，一些教师不自觉地找各种理由"美化"自己的行为。例如，"不是我要收，是家长硬要送。这谁也没办法呀！""现在哪个做官的不贪，我贪这么一点算什么呢！""幼儿园待遇这么差，不利用工作的机会捞一点还指望什么呢！"

教师如此不堪的思想和行为表现不仅直接影响着当下的幼儿教育质量，还会对幼儿健康人格的养成带来长远的消极影响。例如，一些幼儿园教师不安心教育教学，十分热衷于如何当上园长，其理由之一就是"当园长有油水"。一些幼儿园教师超乎寻常地重视家长工作，认为"家长是老师的衣食父母"，而忽视孩子和日常教学。一些家庭经济条件一般的孩子因送不上礼物，常常受到教师的责备与冷眼，日渐缺乏自信，性格受到压抑。又有一些孩子从小就学会了"有眼色"，时不时地向教师表白自己的"喜欢"与"忠心"，鼓动家长给老师送"礼物"。试问，这样的幼儿园教师究竟给孩子的一生留下了什么呢？我们又该如何期待通过我们的教育培养出新一代的国家建设者呢？

确实，幼儿园教师的整体工资不高，一些地区的教师工资还低得离谱。每一个人都希望提高自己的经济收入，改善生活条件。这也是为了获得更体面的社会生活，赢得更多的社会尊重。可是，像王园长这样的教师就不希望增加自己的收入吗？所以，"收"或"不收"，恐怕不是简单的工资低的问题，还是在金钱诱惑与个人尊严的对抗过程中，哪一方在幼儿园教师的心里取胜了。

我们每一个人内心都清楚——任何个人收益都需要付出成本和代价，以牺牲个人尊严为代价的经济创收是不可取的。非劳动所得最大的成本就是个人尊严受损。如果我们纵容自己"收"了对方送来的"一点小意思"，就相当于我们同意用全部的个人尊严来交换，为对方提供经济收益。我们的选择会受到他人的操纵，内心会陷入不安，对自我的评价就会降低。同时，个人会陷入选择僵局和名誉危机。假设王园长收了小刘送来的"一点小意思"，就意味着王园长同意用自己的职务之便让小刘从幼儿园赚得更多的利益；无论小刘公司的产品是否合乎幼儿园的要求，王园长都得购买小刘公司的产品；不买，就失信于小刘，小刘可能反过来索回礼物或检举王园长收贿；买，如果小刘公司的产品不合乎要求，王园长就是失职，给幼儿园造成资源浪费或给幼儿留下安全隐患；即便小刘公司的产品恰好是幼儿园需要的优质产品，但没有不透风的墙，周围的人会知道有"一点小意思"的存在，继而不相信王园长的判断，总会怀疑她因那点"小意思"在"做手脚"。总之，只要王园长收了别人送来的"一点小意思"，行为就会被定性为"受贿"，个人尊严就承担着巨大的风险与损失。也许你只收了一丁点的额外之财，但是"收"行为本身的性质仍然是一样的。这会像一枚炸弹一样，永远伴随自己的专业生活，随时可能跳出来炸掉个人的尊严。所以，清代张伯行曾言："一丝一粒，我之名节……取一文，我为人不值一文。"

拓展阅读

人生而有欲，欲而不得，则不能无求，求而无度量分界，则不能无争。争则乱，乱则穷。

——《荀子·礼论》

坚守专业底线

正如一位老师说的那样，"要想学生成为站直了的人，教师就不能跪着教书。"① 幼儿园教师应当不为金钱诱惑，维护个人尊严，建立专业尊严，坚守专业底线。

每一人内心都有欲望存在，我们承认欲望本身的合理性，不能禁欲。但这并不意味着我们就要被欲望主宰，而是我们要来主宰欲望。金钱是我们社会生活中需要的手段与工具，但也仅此而已。用什么样的方式和方法来获得金钱，就决定了我们自身和金钱欲望之间的主宰与被主宰关系。正所谓"君子爱财，取之有道"。假若我们通过辛勤的教育劳动，获得合理的经济报酬，满足自己对金钱的需要，这是正当的。但是，我们利用职务之便，收受或主动索要钱物就是不正当的。当我们用不正当的方式来费心获得金钱时，就把金钱置于我们自己之上了。金钱成为了目的，人反倒成为了手段。这时，人作为人的尊严也就尽失了。

尊严是什么？尊严是个人被他人认可和尊重时的心理感受。每个人都有被尊重的需要。在马斯洛看来，这是人的一种本能需要。人们都会自觉地追求尊严。如果个人尊严不能得到保障，或者受到损害，会使人陷入一种不平

---

① 吴非. 不跪着教书 [M]. 上海：华东师范大学出版社，2004：1.

衡、不安全的心理状态中。长时期没有尊严的生活还会导致人心理扭曲，患上疾病。人的尊严可以分为三类。一是物质性尊严，即物质生活方面有所保障或步入良好状态带来的尊严感，例如小康生活、发财致富等。二是社会性尊严，即在社会生活方面有所作为赢得的尊严，例如品德高尚、达官显贵等。三是精神性尊严，即在精神生活方面有所作为赢得的尊严，例如著书立说、成名成家等。相比之下，物质性尊严是低级尊严，社会性尊严是中级尊严，精神性尊严是高级尊严。詹姆斯说得好："整个社会自我，比整个物质自我高。我们为名誉、为朋友、为然诺、为信义，应该胜过为自己体快、为自己发财。至于精神自我，更属高尚得不可以道里计、宝贵到不可以金钱数。一个人宁可抛却朋友、鄙弃名誉、丧失财产，甚至牺牲生命，也不该丢了它。"[①]

所谓"底线"指的是一个事物的最低层次和临界点，低于它，事物的性质就会发生改变。"底线"来源于人类对事物精细而深刻认识的需要。底线道德是善的最低层次，也是道德与不道德的界限。它是人们社会行为中善的最低程度的规范总和，是人们在社会生活和角色活动中必须遵循和履行的道德行为准则和基本道德义务。正因为如此，底线道德成为"守卫人的最基本的尊严、良知的最低防线。"[②]只有坚守住了道德底线，才有可能确立个人的尊严。同样，只有坚守住了专业底线，才可以谈专业发展与专业前景。对教师来讲，安身立命之所在就是"师道尊严"。教师的道德，不是教师工作中可有可无的东西，而是教师劳动发挥教育效果的依托与载体。所以，我们要求教师要"为人师表"。在我们的行为足以为"范"的情况下，我们才敢在

[①] 王海明. 新伦理学 [M]. 北京：商务印书馆，2001：528-529.
[②] 蓝维. 道德底线和道德信仰——关于青年道德教育的结构性缺失的反思 [J]. 思想教育研究，2005（11）：21-23，30.

孩子和家长面前耳提面命。如果我们本身行不正，言不端，我们就失去了身为教师的尊严，难以赢得幼儿和家长的信服。没有了安身立命的依托，我们的教师职位就恐怕不保了。

从他律的角度来讲，幼儿园教师应当遵守国家的法律法规和幼儿园教师专业伦理规范（职业道德规范）。法律是道德的底线。法律的作用在于用强制手段对人的过失行为进行惩罚，并迫使人遵守社会中的基本规范。这包括不利用职权谋私，侵占公共财产等。幼儿园教师专业伦理规范（职业道德规范）是专门对幼儿园教师行为的规定。《幼儿园教师专业标准（试行）》中有对幼儿园教师师德与教育理念的明确要求。《幼儿园教师专业标准（试行）》中要求幼儿园教师要"热爱学前教育事业，具有职业理想，践行社会主义核心价值体系，履行教师职业道德规范"。我国《中小学教师职业道德规范》里写得非常清楚，教师要"廉洁从教"，"不得利用职权谋取私利"。教育部在2014年专门出台了《严禁教师违规收受学生及家长礼品礼金等行为的规定》，其中明文"严禁以任何方式索要或接受学生及家长赠送的礼品礼金、有价证券和支付凭证等财物"，"严禁参加由学生及家长安排支付费用的旅游、健身休闲等娱乐活动"，等等。一些地区还有专门的像《某省（市）幼儿园教师职业道德守则》这样更加具体的对幼儿园教师职业道德的规定。教师群体普遍认为，幼儿园教师不应收受家长的超过一定额度的财物，更不应向家长索要财物。

从自律的角度来看，幼儿园教师应当在内心建立道德底线，加强自律，不做有违专业尊严的事情。尊严，不是别人赏赐或者分配的，而是通过自己的行动在社会交往中逐步形成和建立的。教师的尊严，可以通过角色职位获得，但不能依靠制度来维系，而要靠教师在教育工作中积累。幼儿园教师的工作是灵活多样的。外在的法律与职业道德规范不可能调节教师的所有行为。所以，个人的专业自律更为重要。每一位幼儿园教师都应该在内心为自己树立一条底线，超过底线的事情坚决不为。当然，伦理是社会文化的产物。不同社会环境对教师的职业道德要求也不同。每一位教师为自己划定的底线位置也是不同的。例如，有的幼儿园教师坚持家长给教师个人的东西分文不收，直接拒绝或退回；有的幼儿园教师认为在家长没有附加目的，不超过50元的礼物是可以接收的；有的幼儿园教师则认为这个额度可以提高到100元。但无论如何，我们幼儿园教师内心一定要有自己的底线。这个底线应该高于社会法律与职业道德划定的底线。

那么，像一些幼儿园教师逾越底线，牺牲社会性尊严，用不正当的方法一味追求物质性尊严的做法是不可取的，是不值得的。这是在践踏自己的名誉，以更长久的心理焦虑来换取短时间经济上的欢愉。幼儿园教师的这类行为一旦被发现，就很有可能受到法律制裁或行政处罚。当然，很多人会刻意地隐藏自己的贪婪之心与行为，以为别人都看不到自己的"错误"。但依照我们中国的古话"世上没有不透风的墙"，人所有的心思都会被人看到，只是早晚的问题。一旦被人觉察到自己怀有贪婪或曾经贪婪，就会减损自己在他人心中的尊严，失去名誉。而失去的名誉是很难补回来的。

也许，一些幼儿园教师会说："我不需要虚头巴脑的名誉，我只需要实实在在的经济收入。"然而，不要忘了，经济收入不是一次性完成的，而是在社会生活中长期积累。我们靠什么获得长期的经济回报呢？要靠我们的专业劳动与工作。而专业声誉是专业劳动与经济回报之间的中介变量。一个拥有较高专业声誉的幼儿园教师，能够获得更多专业发展上的机会与参与机会，进而不断地提升个人的经济收入水平，获得更多的经济回报。相反，专业声誉较差的幼儿园教师所能获得的专业发展机会与参与机会会越来越少，经济收入水平也很难得到提升，整体的经济收入是有限的。同时，我们相信，凡是说出"不要名誉"这种话的人，倒是十分在乎名誉的。只是在牺牲名誉的时候采取了一种自我解脱的说辞罢了。他的内心一定是渴望名誉的，只是不知道如何找回已经丢失的名誉或正在丢失的名誉。

总之，教师的尊严可以分为个人尊严和专业尊严两个维度。作为普通人，教师应当遵守社会中的基本道德规范，包括爱国、诚实守信、遵守规则等。"不拿不属于自己的东西"，"不接受别人不适当的馈赠"，"靠自己的双手养活自己"，这些都是我们耳熟能详的做人的基本规则。我们幼儿园教师常常教幼儿"不拿""不受"，自己更当如此。作为专业人士，教师应当遵守教师职业道德规范，包括爱岗敬业、廉洁从教、为人师表等。廉洁是教师为人之基，更是立教之本。古人云："不受曰廉，不污曰洁。"我们作为教师不希望领导接受礼物，以免对我们构成不必要的压力。我们作为教师更不要收受他人的礼物，以免给我们自己造成不必要的麻烦。

享受有尊严的专业人生

　　教师尊严的建立需要教师付出十足的教育努力，日积月累，但是教师尊严的坍塌却是一瞬间的事情。尊严，是个人自尊、他人尊重和个人对他人和社会的贡献三方面综合作用而成的结果。要建立作为教师的尊严，离不开他人的尊重，以及自己对儿童和教育的贡献，而这一切又都以我们教师自尊为前提。

1. 自我节制，守住自尊

　　自尊，就要主动克制自己不做有违教师形象的行为。如果我们不能自我节制，就会打破教师尊严建立的链条，导致教师尊严大厦轰塌。因为任何一次有偏差的行为，都会造成地基歪扭，最终承托不了教师尊严这幢高楼大厦。

　　节制，是一种美德，是在理性指导下对合理欲望的追求与满足。柏拉图和亚里士多德等思想家都十分重视节制这一美德，甚至把节制作为人的四大主德之一。苏格拉底曾将有无节制的人分别比喻成"完整的容器"和"有窟窿的容器"。有节制的人能够满足自己的有限欲望，而无节制的人因为他们有无穷的欲望，则永远也不能停下他们追求享乐的脚步。[①] 于是乎，有节制

---

① 朱颖 . 论节制美德 [D]. 中南大学硕士论文，2011：8.

与诤友对话——
幼儿园教师师德案例读本

的人很容易幸福，无节制的人永远不知幸福何在。

对幼儿园教师来讲，如何培养节制的美德呢？

首先，强大教育理性，有效调控情欲。除了对金钱的欲望之外，与所有人一样，幼儿园教师自然有对权力、声色和情意的欲望。这些欲望会影响幼儿园教师对教育实践的处理。幼儿园教师首先要认识到这点。

在此基础上，幼儿园教师应该通过学习，强大自己的教育理性，有效调整和控制情欲的影响。每一种德性的基础都是理性。节制，就是深刻地理解每一种情欲的危害性，把对情欲的满足控制到恰到好处。幼儿园教师要十分清楚哪些行为对幼儿是有益的，哪些是可能构成伤害的，继而依靠意志力控制自己的行为表现。例如，即便自己需要金钱改善生活，但仍应牢记"君子爱财，取之有道"，"不受不义之财"。

其次，在实践中培育理性。每个人都有可能成为节制的人。是否节制，不依靠自我标榜，要看在实践中是否一贯地坚持一致的行为标准。要做到自制，幼儿园教师在教育实践中就要凡事坚持适度原则，过犹或不及都是不能自制的表现。例如，我们希望教师适度微笑，不要大笑或面无表情，要合乎时宜地做出各种表情反应。这些就是适度原则的体现。如果幼儿教师做到了，就表现为一种节制。

当然，自制，不是机械地、绝对地执行每一项伦理要求。否则，幼儿教师就变成了机器人，丝毫没有了人本身的活力与灵性。自制，是在实践中适度地要求自我，根据具体教育情境正确运用伦理原则指导自身的行为，确定灵活的行动方案。有学者将其概括为"守经达权"。"经"等于原则或标准。"权"等于这一原则之正确运用。这不是说我们可以降低对自身的道德要求，而是说我们在遵守伦理原则的同时，要机动灵活地适度表现，妥善地处理教育中的人际关系。

不能收受家长的礼物，这是对所有幼儿教师的专业伦理要求。在执行这项要求的过程中，不同的教师有不同的表现——

A 教师当面拒绝了家长，并义正词严地告诉家长"下次不要这样了"。这虽然遵守了伦理要求，但是让家长很没面子，心里反倒给 A 教师打了很低的分数，认为 A 教师不近人情。

B 教师也当面拒绝了家长，但没有教训家长，而是表达了对家长的感谢。"我知道，这是你们家长对老师的关心，我非常感谢您的爱护，但是我们做教师的不能收，请您收回吧！以后还请您多多支持我们的教育工作，这就是对我们老师最大的爱护了！"家长收回了礼物。

C 教师没有当面拒绝家长，而是悄悄地把礼物放进了孩子的书包里，并附上了一封给家长的信："谢谢您的好意！但是我们教师不能收家长的礼物。您放心，我会一如既往地关注您的孩子。孩子最近有捅鼻孔的习惯，可能是空气太干造成的，我会在班级里打开加湿器给孩子们用，也请您注意调节家里的空气湿度。"家长收到了退回的礼物，并对老师充满了感激与敬重。

2. 实现专业发展，追求专业尊严

有了个人尊严，我们还要追求更多的专业尊严。这样，我们才能够放松愉悦地享受有尊严的专业人生。有人提出，做一个有尊严的教师，要有"三正"：品正、心正、行正。做一个有尊严的教师，还要有"三气"：底气、才气、勇气。这就告诉我们在坚守专业底线的基础上如何提升专业尊严了。

（1）提升自身的专业能力。

幼儿园教师要赢得他人的尊重，就要在专业上有所作为与成就。一个人获得的专业成就越多，赢得的尊重也越多。因此，幼儿园教师要不断地提升自身的专业能力，满足专业作为所需，以取得专业上更大的成绩。有了专业成绩，自然能够获得专业尊严，包括物质性尊严的提升与社会性尊严的提高。

（2）做出合理的专业规划。

幼儿园教师应当对未来的专业发展有合理的规划。通过规划，幼儿园教师能够清楚通过自己的努力，未来可以改善自己的经济收入状况和生活现状，建立起良好的发展预期。这样，幼儿园教师追求物质性尊严的心理动力就能够用于正当的专业劳动，而不会偏离到不正当的渠道上去。当然，社会要保障幼儿园教师的发展机遇与专业环境，真的能够让幼儿园教师通过努力实现个人经济收入的提升。

同时，幼儿园教师对未来的规划一定要合理。在一个稳定的社会体系中，每一个行业都有自身的特性与发展轨迹。幼儿园教师一定要深入理解幼儿教育工作的特性。这是一项对幼儿身心发展影响巨大的工作，是和国家人口素质的提升和社会稳定发展关系密切的工作。这是一项高精神回报的工作，而不是一项高物质回报的工作。在任何一个国家，教师都不是获得最高收入的那批人，而是处于社会收入的中间层。并且，在大多数国家，教师属于准公务人员。社会对教师的行为有着较高的道德期待与要求。因此，作为一名幼儿园教师，如果你希望通过工作发财致富，那是一项不切实际的幻想；如果你希望用社会中最低的道德标准来要求自己，并且不希望其他人对你提出更多的期待，那也是行不通的。

概言之，坚守专业底线，做到自我节制，实现专业发展，幼儿园教师就能够通过自己的专业劳动过上有尊严的专业人生。当每一位幼儿园教师都爱护自己的尊严，并追求专业尊严时，我们的学前教育事业就会得到极大的进步。对尊严的追求是个人自强自立的表现，是在专业上追求进步的动力来源。如罗尔斯所说："没有自尊，那就没有什么事情是值得去做的，或者即便有些事情得去做，我们也缺乏追求它们的意志。那样，所有的欲望和活动就会变得虚无缥缈，我们就会陷入冷漠和犬儒主义。"①

---

① [美] 约翰·罗尔斯. 正义论 [M]. 北京：中国社会科学出版社，1988：427.

身边的榜样

　　宝英同学刚刚从大学毕业，来到幼儿园工作。工作不到一个月，就赶上了教师节。教师节前后，家长们频频地送来各种节日"礼物"，有化妆品、围巾、购物卡、电话充值卡……看着这些精美的"礼物"，很多都是学生时期梦想的奢侈品，怎能不让囊中羞涩的宝英心动呢？但是宝英很清楚，这不是自己劳动所得，是不能要的。虽然家长口口声声说是"自愿送的""节日礼物"，而且"不值几个钱"，但是宝英很清楚家长的"自愿"里夹杂着"不情愿"与"无奈"，而且这些东西真的值不少钱。一个专业的幼儿园教师不能收这些所谓的"礼物"，这会严重影响自己的专业形象。

　　就在宝英准备说"不"的时候，她又犹豫了。因为她亲眼看到班上的两位老教师都收了，而且收得很"自然"。如果自己说"不"，同事会怎么看自己？自己一个新来的"小兵"不"入乡随俗"的话，会不会受到排挤呢？宝英又不知如何是好了。就在迟疑之间，各种礼物已经堆成了一座小山。

　　有了。教师节过后的周末，宝英转了转幼儿园周边的商场，对家长们送来的各种礼品进行了价格调查，并计算了礼物的总价。最后，她来到玩具市场，为班上的孩子们精挑细选了一批玩具，类型多样，保证班上每个孩子人手一份，并且每人的玩具价格相差不多。最后，玩具的总价刚好控制在礼物的总价上。

新的一周里，宝英老师将玩具一一送给了班上的孩子们，感谢孩子和家长们送来的教师节祝福。同班的老师和班上的家长一下子都懂了。

朋友得知后，怪宝英"还没拿到工资就先垫进去了一笔钱，家长们送的东西有用没用的，又不能当钱用。"宝英坚持："这样我才能坦然地继续做孩子们的老师。只能希望以后家长们不要再给我出这个难题。"

参考文献

1. ［法］克劳德 - 让·贝特朗. 媒体职业道德规范与责任体系［M］. 宋建新，
   译. 北京：商务印书馆，2006.

2. ［法］涂尔干. 道德教育［M］. 上海：上海人民出版社，2001.

3. ［古希腊］希波克拉底. 希波克拉底誓言：警诫人类的古希腊职业道德圣
   典［M］. 綦彦臣，编译. 北京：世界图书出版公司北京公司，2004.

4. ［古希腊］亚里士多德. 尼各马可伦理学［M］. 苗力田，译. 北京：中国
   人民大学出版社，2003.

5. ［加］伊丽莎白·坎普贝尔. 伦理型教师［M］. 王凯，等译. 上海：华东
   师范大学出版社，2010.

6. ［加］马克斯·范梅南. 教学机智——教育智慧的意蕴［M］. 李树英，
   译. 北京：教育科学出版社，2001.

7. ［捷］夸美纽斯. 大教学论［M］. 傅任敢，译. 北京：教育科学出版社，
   1999.

8. ［美］Stephanie Feeney, Nancy Freeman. 幼儿教保人员专业伦理［M］. 张
   福松，等译. 台北：五南图书出版公司，2007.

9. ［美］内尔·诺丁斯. 学会关心——教育的另一种模式［M］. 于天龙，
   译. 北京：教育科学出版社，2003.

10. ［美］丽莲·凯兹. 与幼儿教师对话——迈向专业成长之路［M］. 廖凤瑞，译. 南京：南京师范大学出版社，2004.

11. ［日］小原国芳. 小原国芳教育论著选（上卷）［M］. 由其民，等译. 北京：人民教育出版社，1993.

12. ［以］泰勒·本-沙哈尔. 幸福的方法［M］. 汪冰，刘骏杰，译. 北京：当代中国出版社，2007.

13. ［英］伯特兰·罗素. 走向幸福［M］. 陈德民，罗汉，译. 上海：上海人民出版社，1988.

14. 中华人民共和国未成年人保护法［Z］. 1992 年.

15. ［美］S·T·菲斯克，S·E·泰勒. 社会认知——人怎样认识自己和他人［M］. 张庆林，译. 贵阳：贵州人民出版社，1994.

16. 蔡慧君，雷玉英. 论教师职业倦怠［J］. 教育探索，2004（1）：107-108.

17. 崔春华，李春晖，杨海荣，等. 958 名师范大学学生心理幸福感调查研究［J］. 中国行为医学科学，2005，14（4）：359-361.

18. ［美］戴维·W·约翰逊，等. 领导合作型学校［M］. 唐宗清，等译. 上海：上海教育出版社，2003.

19. 董晨，李小伟. 学生活动时段易发生安全问题［N］. 中国教育报，2005-11-25.

20. 儿童权利公约［Z］. 1990 年.

21. 冯婉桢. 教师专业伦理的边界——以权利为基础［M］. 北京：教育科学出版社，2012.

22. 冯晓琴. 教师礼仪概论［M］. 太原：山西人民出版社，2011.

23. 傅维利. 论教育中的惩罚［J］. 教育研究，2007（10）：11-18.

24. 顾荣芳，等. 从新手到专家——幼儿教师专业成长研究［M］. 北京：北京师范大学出版社，2007.

25. 何桂香. 成长在路上——幼儿园新教师必读［M］. 北京：农村读物出版
    社，2009.

26. 金秀美. 教师礼仪实训教程［M］. 北京：科学出版社，2012.

27. 靳淑梅. 教育公平视角下美国多元文化教育研究［D］. 东北师范大学博
    士论文，2009.

28. ［美］卡洛琳·爱德华兹，莱拉·甘第尼，乔治·福尔曼. 儿童的一百
    种语言［M］. 罗雅芬，连英式，金乃琪，译. 南京：南京师范大学出版
    社，2006.

29. 康涛霞. 幼儿园集体教学中教师提问策略优化的研究［D］. 西南大学硕
    士论文，2011。

30. 康永久. 教育制度的生成与变革——新制度教育学论纲［M］. 北京：教
    育科学出版社，2003.

31. 蓝维. 道德底线和道德信仰——关于青年道德教育的结构性缺失的反思
    ［J］. 思想教育研究，2005（11）：21-23，30.

32. 李彩英. 正直品性的解说［J］. 教育艺术，1995（3）：18-19.

33. 李辉，等. 东亚五大城市幼儿园教师工资待遇比较分析［J］. 幼儿教育，
    2013（4）：3-6.

34. 李俊祺. 幼儿园安全事故分析与完善安全预防对策研究［D］. 东北师范
    大学硕士论文，2008.

35. 李清. 幼儿园留住教师有点难［N］. 中国教育报，2015年3月22日.

36. 梁慧娟，冯晓霞. 北京市幼儿园教师职业倦怠的状况及成因研究［J］.
    学前教育研究，2004（5）：32-35.

37. 刘爱书，于锐. 受虐待儿童的社会信息加工特点［J］. 中国心理卫生杂

志，2011（3）：211-217.

38. 刘捷. 专业化：挑战21世纪的教师［M］. 北京：教育科学出版社，
    2002.

39. 刘晶波. 幼儿的人格发展与尊重需要［J］. 幼儿教育，1997（1）：7-8.

40. 刘彦华. 中国幼儿教师职业道德发展的回顾与前瞻［J］. 学前教育研究，
    2000（2）：8-10.

41. 卢世林，胡振坤. 教师伦理学教程［M］. 武汉：华中科技法学出版社，
    2012.

42. ［美］约翰·罗尔斯. 正义论［M］. 北京：中国社会科学出版社，1988.

43. 马玉霞，陈晶琦. 中专女生儿童期教师非身体接触体罚经历及其与危险
    行为的关联［J］. 中国全科医学，2007（9）：725-727.

44. 美国专业教学标准委员会. http://www.nbpts.org.

45. ［意］蒙台梭利. 蒙台梭利幼儿教育科学方法［M］. 任代文，译. 北京：
    人民教育出版社，2001.

46. ［法］米歇尔·福柯. 规训与惩罚［M］. 刘北成，等译. 北京：生活·读
    书·新知三联书店，2003.

47. 穆凤良. 课堂对话和提问策略［J］. 教育理论与实践，2000（11）：33-36.

48. 潘莉. 幼儿园一日活动过渡环节的研究［J］. 小学科学（教师论坛），
    2011（6）：141.

49. 庞丽娟，等. 论学前教育的价值［J］. 学前教育研究，2003（1）：7-10.

50. 全美幼儿教育协会. http://www.naeyc.org/.

51. 束从敏. 幼儿教师职业幸福感研究［D］. 南京师范大学硕士论文，2003.

52. ［苏联］苏霍姆林斯基. 教育的艺术［M］. 长沙：湖南教育出版社，
    1983.

53. 蔡汀，王义高，祖晶. 苏霍姆林斯基选集（第 4 卷）［M］. 北京：教育科学出版社，2001.

54. 檀传宝. 惩罚与奖励同为教师的专业权力［J］. 中国教师，2006（9）：11.

55. 檀传宝. 奖其当奖 罚其当罚［J］. 人民教育，2005（12）：11.

56. 檀传宝. 教师伦理学专题——教育伦理范畴研究［M］. 北京：北京师范大学出版社，2000.

57. 檀传宝. 论惩罚的教育意义及其实现［J］. 中国教育学刊，2004（2）：20-23.

58. 檀传宝. 论教师的公正［J］. 现代教育论丛，2001（5）：13-17.

59. 檀传宝. 论教师的幸福［J］. 教育科学，2002（2）：39-43.

60. 檀传宝. 子诺子言——诺丁斯教授北京行纪［J］. 人民教育，2012（2）：11-15.

61. 檀传宝，等. 走向新师德——师德现状与教师专业道德建设研究［M］. 北京：北京师范大学出版社，2009.

62. 唐志华. 教师礼仪修养［M］. 北京：北京师范大学出版社，2012.

63. 田克俭. 良心在道德行为中的作用及良心的形成［J］. 道德与文明，2004（1）：29-31.

64. 童大焕. 从"北师大报告"说到"科尔曼报告"［J］. 世界教育信息，2005（7）：54-55.

65. 王芳. 论阻碍幼儿教师有效合作的潜在因素及其消除［J］. 学前教育研究，2006（12）：48-50.

66. 王海明. 新伦理学［M］. 北京：商务印书馆，2001.

67. 王海英. 学前教育社会学［M］. 南京：江苏教育出版社，2009.

68. 王瑞华. 幼儿教师教学提问的层次与艺术［J］. 学前教育研究，1995

（1）：44-45.

69. 王晓春，甘怡群．国外关于工作倦怠研究的现状述评［J］．心理科学进展，2003（5）：567-572

70. 王艳玲．教育公平与教师责任：《科尔曼报告》的启示——美国宾西法尼亚州立大学庞雪玲教授访谈［J］．全球教育展望，2013（4）：3-9.

71. 韦小凡．身体接触的功能［J］．中国青年科技，2003（3）：22-23.

72. 吴非．不跪着教书［M］．上海：华东师范大学出版社，2004.

73. 伍新春，等．中小学教师职业倦怠的现状及相关因素研究［J］．心理与行为研究，2003（4）：262-267.

74. 奚恺元．撬动幸福：一本系统介绍幸福学的书［M］．北京：中信出版社，2008.

75. 夏湘远．义务·良心·自由：道德需要三层次［J］．求索，2000（3）：83-86.

76. 谢蓉，曾向阳．幼儿教师职业倦怠的缓解与职业幸福感的提升［J］．学前教育研究，2011（6）：67-69.

77. 许卓娅．怎样的安全才是合适的安全［J］．山东教育，2003（C6）：20-23.

78. 燕学敏．问题与挑战：省际教师工资发展水平的状况分析［J］．中国教师，2013（11）：45-48.

79. 杨继英．幼儿园教师提问行为及其观念的研究［D］．东北师范大学硕士论文，2006.

80. 杨莉君，康丹．对幼儿园集体教学活动中教师提问的观察研究［J］．学前教育研究，2007（2）：22-26.

81. 杨敏，朱丽丽，张瑛．优秀幼儿教师人格特征研究［J］．宁波教育学院学报，2001（3）：19-21，42.

82. 杨世昌，张亚林．国外儿童虐待的研究进展［J］．实用儿科临床杂志，

2002（3）：257-258.

83. 杨秀玉，杨秀梅. 教师职业倦怠解析［J］. 外国教育研究，2002（2）：56-60.

84. 叶浩生. 西方心理学历史与体系［M］. 北京：人民教育出版社，1998：217.

85. 叶平枝. 关于纪律与自由的理性思考［J］. 早期教育，2002（9）：14-17.

86. 幼儿园工作规程［Z］.1996 年.

87. 余雅风，蔡海龙. 论学校惩戒权及其法律规制［J］. 教育学报，2009（2）：69-75.

88. 张玉敏. 幼儿教师职业倦怠研究［D］.南京师范大学硕士论文，2004.

89. 赵景欣，王美芳. 批评／表扬与儿童反应模式的关系［J］. 心理科学进展，2003（6）：663-667.

90. 赵玉芳，毕重增. 中学教师职业倦怠状况及影响因素的研究［J］.心理发展与教育，2003（1）：80-84.

91. 郑三元. 幼儿园班级制度化生活的特征及反思［J］. 学前教育研究，2001（1）：17-19.

92. 周宗奎. 现代儿童发展心理学［M］.合肥：安徽人民出版社，2000：363-366.

93. 朱光明. 表扬的意义——一种解释现象学的视角［J］. 全球教育展望，2011（8）：22-26.

94. 朱小娟. 幼儿教师适宜行为研究［M］. 北京：教育科学出版社，2008.

95. 朱燕. 高校教师的职业倦怠研究［D］.华东师范大学硕士论文，2007.

96. 朱颖. 论节制美德［D］.中南大学硕士论文，2011.